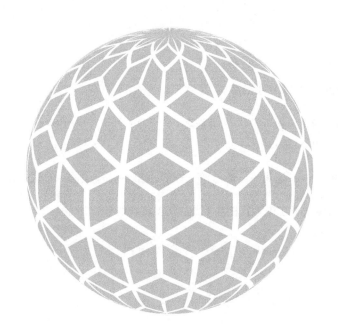

联盟组合

与企业创新

能力

ALLIANCE PORTFOLIOS AND
ENTERPRISE INNOVATION
CAPABILITY

吴言波　著

知识产权出版社
全国百佳图书出版单位
——北京——

图书在版编目（CIP）数据

联盟组合与企业创新能力 / 吴言波著 . — 北京：知识产权出版社，2023.9
ISBN 978-7-5130-8908-1

Ⅰ.①联… Ⅱ.①吴… Ⅲ.①企业联盟—影响—企业创新—研究 Ⅳ.① F273.1

中国国家版本馆 CIP 数据核字（2023）第 169383 号

责任编辑：雷春丽 　　　　　　　　　　责任校对：潘凤越
封面设计：乾达文化 　　　　　　　　　责任印制：孙婷婷

联盟组合与企业创新能力

Alliance Portfolios and Enterprise Innovation Capability

吴言波　著

出版发行：	**知识产权出版社** 有限责任公司	网　　址：	http://www.ipph.cn
社　　址：	北京市海淀区气象路50号院	邮　　编：	100081
责编电话：	010-82000860转8004	责编邮箱：	leichunli@cnipr.com
发行电话：	010-82000860转8101/8102	发行传真：	010-82000893 / 82005070 / 82000270
印　　刷：	北京九州迅驰传媒文化有限公司	经　　销：	新华书店、各大网上书店及相关专业书店
开　　本：	720mm×1000mm　1/16	印　　张：	13.75
版　　次：	2023年9月第1版	印　　次：	2023年9月第1次印刷
字　　数：	194千字	定　　价：	80.00元

ISBN 978-7-5130-8908-1

序　言

技术创新活动具有重要的战略意义，它不仅能对现有技术范式形成颠覆，还可能对现有商业模式产生破坏。但面对技术范式转变与不稳定的客户需求现状，往往需要跨越组织边界的知识与技能，外部网络便成为技术研发中越来越重要的源泉。因此，企业可以选择不同行业属性或者跨越不同知识边界的成员构建联盟网络关系，以此增强技术范式领域横向或者纵向的交叉融合，进而提升企业的创新能力。当企业同时与多个合作伙伴保持直接的联盟关系时，就被称为联盟组合。联盟组合既有利于企业跨越联盟边界开展跨组织学习，并成为联盟间异质性知识和资源流动的有效载体；又有利于降低技术创新过程中的风险性和不确定性，避免企业陷入技术创新的"锁定效应"。目前，已有研究文献关注到联盟组合配置给焦点企业带来的创新收益，但对联盟组合配置如何作用于企业创新能力的内在机理及其具体作用情境，仍鲜有展开深入研究的，且已有的研究中，其研究结论仍存在一定的分歧。

为此，本书在借鉴和融合已有研究的基础上，以社会网络理论、资源基础理论、组织知识创造理论、动态能力理论等为视角，紧密围绕"联盟组合配置如何影响企业创新能力"这一基本理论问题，建立"联盟组合配置－知识耦合－企业创新能力"的理论框架。并将以下三个子问题作为主要核心线索来剖析本书的研究内容：（1）联盟组合配置与企业创新能力有何关系？（2）联盟组合配置与企业创新能力之间的影响路径是什么？（3）不同联盟管理能力（合作前瞻能力和关系治理能力）是否会产生不同影响？

针对上述三个问题，本书采用案例研究和实证研究的方法进行探究。

在对现有研究成果进行梳理和分析的基础上，本书选取了制造领域、生物领域以及电子信息领域三家典型企业，来进行探索性案例研究。以源于实践的理论构想，初步形成联盟组合配置与企业创新能力关系的分析框架，并由此提出本书的初始假设命题，即指出联盟组合中联盟伙伴多样性、关系联结强度、网络位置权力和共同愿景能通过提高辅助性知识耦合与互补性知识耦合，进而提升企业创新能力。

基于所构建的初始理论分析模型，提出联盟组合配置与企业创新能力之间的研究假设和概念模型，并通过采集385家本土企业的问卷调查数据，进一步利用结构方程模型来对联盟组合配置、知识耦合与企业创新能力三者之间的研究假设进行实证检验。

在上述研究的基础上，引入联盟管理能力这一调节变量，从权变视角深入考察不同情境下联盟组合配置对知识耦合的影响机制是否存在差异。通过多元回归分析方法的实证检验，最终形成了联盟管理能力（合作前瞻能力和关系治理能力）影响联盟组合配置与知识耦合关系的调节效应模型。

基于以上的研究工作，本书的主要研究结论包括以下几个方面。

其一，焦点企业所构建的联盟组合中，其联盟组合配置对企业创新能力有正向影响。本书通过对中国本土企业的实地访谈以及对385家企业的问卷研究认为，联盟组合中联盟伙伴多样性、关系联结强度、网络位置权力、共同愿景有助于提升企业的创新能力。

其二，联盟组合配置通过影响知识耦合进而作用于企业创新能力。本书通过结构方程对385家企业的数据建模发现：辅助性知识耦合在联盟伙伴多样性与企业创新能力之间的中介作用不成立，互补性知识耦合在联盟伙伴多样性与企业创新能力之间起完全中介作用。而辅助性知识耦合和互补性知识耦合分别在关系联结强度、网络位置权力、共同愿景与企业创新能力之间起部分中介作用。

其三，联盟管理能力在联盟组合配置对知识耦合的作用机制中发挥着重要的调节作用。本书对 385 家企业进行多元回归分析的结果表明，除了合作前瞻能力、关系治理能力分别对关系联结强度与辅助性知识耦合之间的调节作用没有获得支持；合作前瞻能力和关系治理能力分别在联盟伙伴多样性、网络位置权力、共同愿景与辅助性知识耦合之间存在显著的调节作用；合作前瞻能力和关系治理能力分别在联盟伙伴多样性、关系联结强度、网络位置权力、共同愿景与互补性知识耦合之间存在显著的调节作用。

总体而言，本书的研究结论深化了对"联盟组合配置如何影响企业创新能力"这一基本问题的理解，其主要贡献表现在以下几个方面。

第一，进一步明确了联盟组合配置的内涵和维度。本书认为，联盟组合配置是焦点企业通过联盟组合所能获取信息和资源的质量、数量、多样性、有效性，是焦点企业在跨组织领域中所获取地位的灵活性或稳定性。本书从伙伴维度、关系维度、结构维度、认知维度四个方面，将联盟组合配置划分为联盟伙伴多样性、关系联结强度、网络位置权力和共同愿景四个维度。在此基础上，结合联盟伙伴多样性、关系联结强度、网络位置权力和共同愿景的已有研究，开发联盟组合配置的测量表并应用于本书的实证研究中，从而弥补社会网络理论对联盟组合配置的解释空白，拓展社会网络理论的情景边界。

第二，解析了联盟组合配置如何作用于企业创新能力的本质过程，推动了知识耦合研究向纵深方向发展，为联盟组合管理和创新活动研究提供了新的视角。在已有的理论研究、案例研究和实证研究的基础上，深入解析了联盟组合配置影响企业创新能力的作用机制，系统地把联盟组合配置、知识耦合与企业创新能力理论有机地联系起来。同时，将知识耦合的本地知识和非本地知识、相似知识和异质性知识等纳入同一分析框架，并按其性质将知识耦合提炼为辅助性知识耦合和互补性知识耦合两个重要方面。在探究"焦点企业的联盟组合配置如何发挥作用"这一研究命题基础上，打开并挖掘出联盟组合配置对企业创新能力影响机制的"黑箱"，在引入知识耦合（辅助性知识耦合和互补性知识耦合）作为不同维度的联盟组合配置来影响企业创新能力的中介变量时，建立了"联盟组合配置 – 知识耦合 – 企业创新能力"的理论框架。

第三，阐释了联盟管理能力对联盟组合配置与知识耦合关系之间的调节作用机制。现有文献较少从联盟管理的权变视角来关注联盟组合配置的作用情境，本书认为联盟组合配置对知识耦合的作用效果，会受到联盟管理能力的影响而呈现出差异性的改变。因此，本书将联盟管理能力的两个维度（合作前瞻性和关系治理能力）作为调节变量，考察联盟组合配置对知识耦合关系的影响。研究显示，不同的联盟管理能力影响了联盟组合中的知识耦合机制，这一研究结论延伸了现有联盟组合和知识耦合研究的纵向深度，并为焦点企业在不同的联盟管理能力下配置恰当的联盟组合战略和知识耦合方式提供了新的管理思路和实践指导。

目　录

第一章 绪 论

第一节 研究背景

一、现实背景

（一）联盟组合是企业获取互补性资源，提升创新能力的明智选择

创新是引领发展的第一动力，是建设现代化经济体系的战略支撑。当前，中国经济进行着供给侧结构性改革，而以往中国经济高速增长主要依靠出口和低成本两个动力源，如今国际市场疲软，国内要素成本上升，劳动和资本的边际产出率持续下降，使得经济进入新常态。同时，中国经济正处在产业转型和升级的新阶段，如何跨越传统发展方式，开辟科学发展、价值发现、创新发展的新模式，是"新常态"下必须破解的难题。中国科学技术发展战略研究院发布的《中国企业创新能力评价报告2016》指出，中国企业总体创新能力稳步提升，创新优势逐步从规模优势向质量取胜转变，但是企业利用外部创新资源、开展合作创新的能力有待进一步提升。❶为此，企业要想在动态竞争的环境下实现技术突破，不仅要在既定的行业结构中扮演好自己的角色和努力获得资源进行创新活动，而且要

---

❶ 中国科学技术发展战略研究院. 图解《中国企业创新能力评价报告2016》［EB/OL］.［2017-03-08］. http：//www.casted.org.cn/channel/newsinfo/6240.

突破产业之间的藩篱，打破组织空间、地理空间的界限，跨越组织、地理有形网络和认知无形网络的界限，集成多种知识流派，实现价值共创。因此，在开放式创新范式盛行的时代，企业与外部组织机构建立联盟组合是获取互补性资源，提升创新能力的明智选择。

纵观全球经济的发展历程，越来越多的企业选择与外部组织机构建立多个联盟关系。戴尔、凯莱和辛格（Dyer, Kale & Singh）通过对世界500强企业的调查，发现每个企业大致都会与60个企业结成主要的战略联盟伙伴关系。❶ 拉维（Lavie）以美国信息技术行业为例，发现从1990年到2000年，该行业中上市企业构建联盟的比例，从32%上升到95%；而平均拥有的联盟数量也从4个提升到32个。❷ 在这之中，当企业同时与多个外部伙伴保持直接的战略联盟关系时，这种联盟关系的集合就被称为联盟组合。例如，为打造新一代智联网汽车，阿里巴巴集团控股有限公司（以下简称阿里巴巴）与斑马网络技术有限公司、上海汽车集团股份有限公司、神龙汽车有限公司成立技术与研发战略联盟；为扩展云计算业务和布局未来"智慧城市"，阿里巴巴与杭州中天微系统有限公司、商汤集团有限公司、中科寒武纪科技股份有限公司等进行的人工智能芯片技术联盟；同时，为完善生态产业链，阿里巴巴还与银泰商业（集团）有限公司、顺丰控股股份有限公司、上海圆通速递（物流）有限公司、中通快递股份有限公司等机构组建菜鸟物流网络。对于阿里巴巴而言，多个战略联盟之间的集合就组成一个联盟组合。而企业选择进入联盟组合的原因也有很多，比如汇集互补知识，分担研发成本和不确定性技术创新的风险，以及获取或利用所需的资源、信息或知识。同时，联盟组合还可以为企业提供潜在

❶ DYER J H, KALE P, SINGH H. How to make strategic alliances work [J]. Mit Sloan Management Review, 2001, 42（4）: 37.

❷ LAVIE D. Alliance portfolios and firm performance: A study of value creation and appropriation in the U.S. software industry [J]. Strategic Management Journal, 2007, 28（12）: 1187–1212.

的创新机会，探索有关产品设计、概念和发展等新颖的想法，并摆脱已有束缚创新理念的规则和程序。

（二）焦点企业需要选择合适的联盟合作伙伴，配置恰当的联盟组合战略，才能更好地接触、传递、整合联盟组合中的知识资源

为了构建有效的联盟组合，焦点企业自身与联盟组合的匹配是关键。一方面，联盟组合中"节点有谁"很重要，这决定了企业所能接触、收集、利用的外部知识和资源集的数量、质量以及异质性；另一方面，焦点企业自身的知识特征和属性也很重要，因为这决定了企业真正能够吸收外部知识源的有效性，以及内部知识源在与外部知识进行耦合过程中，保持地位的稳定性或灵活性。联盟组合配置是知识主体之间共同的战略决策结果，其所拥有的知识资源禀赋差距，在一定程度上决定了主体之间达成知识合作的可能性，以及在构建联盟组合以后，主体之间所能产生的知识协同效应大小。为了构建有效的联盟组合，需要注意：一方面，焦点企业能够成功搭建起知识传递和知识共享的联盟协作关系；另一方面，焦点企业可以通过构建的联盟组合，获取创新所需的技术知识，并达到预期的知识协同效应。同时，在特定的搜索成本、搜索空间的限制下，焦点企业还需要在可选择的外部成员范围内，选择最合适、最匹配的外部成员进入联盟组合，即在特定的资源特征条件下，配置起最优的联盟组合战略。

此外，由于外部环境的变化，不同企业会在不同的发展阶段，对其内部资源禀赋进行相应的变化。因此，焦点企业在配置联盟组合的过程中，为了获取最优质的、最新颖的外部知识资源，也会相应地对其网络关系配置、资源配置、节点配置以及知识获取方式做出一定的变化。同时，针对外部成员不同的内部资源禀赋特征，为了在特定范围内配置有效的联盟组合，焦点企业也会相应做出一定的变化，从而形成不同的联盟组合配置类型。这些类型在联盟组合内部特征相同或者相似的情况下，相比其他类型

能更容易获取或实现知识协同效应，提升焦点企业的创新能力，从而构建起有效的联盟组合配置。

（三）在高效配置联盟组合的过程中，挑战和机遇并存

现有实践活动发现，构建联盟组合也给企业带来了较多挑战。例如，高搜索成本、臃肿的管理结构以及知识转移困难等，这些挑战加剧了联盟组合失败的风险。已有研究显示，联盟组合从形成到终止的平均持续时间仅为 7 年，同时联盟组合失败的风险比例也高达 50% ~ 60%。❶ 例如，作为全球最大的汽车联盟组合，雷诺汽车公司（以下简称雷诺）– 日产汽车（以下简称日产）– 三菱集团（以下简称三菱）希望通过三者之间的合作，实现平台共享、零部件通用，以及公司文化、管理体制、技术设计等方面的深层次融合。同时，雷诺 – 日产 – 三菱联盟组合关系维系的基础是交叉持股：其中，雷诺持有日产 43.4% 的股权；日产持有雷诺 15% 的股权，且在雷诺内部不具有投票权；而三菱的最大单一股东是日产。❷ 因此，雷诺是联盟组合的核心。在成立初期，雷诺领导人卡洛斯·戈恩（Carlos Ghosn）不仅担任联盟组合主席，还兼任日产、三菱的董事长，所以联盟组合的关系一直比较稳定。但是，随着日产的不断壮大，其开始寻求摆脱雷诺的控制，提升在联盟组合中的地位，扩大话语权。2018 年 11 月，雷诺 – 日产 – 三菱联盟组合的掌门人戈恩被日产举报，在东京被捕，雷诺与日产的"内战"正式打响，这也意味着三者之间的联盟组合破裂。

联盟组合失败的原因有很多：第一，从战略适应性的角度，伙伴匹配程度、资源冗余程度、资源异质性、联盟价值等是导致联盟组合失败的直

---

❶ BLEEKE J, ERNST D. Is your strategic alliance really a sale [J]. Harvard Business Review, 1995, 73（1）: 97–105.

❷ 腾马丁. 雷诺与戴姆勒有个约定：在不影响各自家庭的情况下，深入交往 [EB/OL]. [2020–06–03]. https://www.163.com/dy/article/FETAUVAQ052783HD.html.

接影响因素。若企业在组建联盟组合时，没有考虑联盟成员与联盟组合的战略适应性问题，可能会导致战略的高度重合性、资源的不兼容性、能力的不对称性等问题，进而增加管理联盟组合的复杂性问题和协调成本。第二，从关系嵌入的视角，探讨联盟经验、重复合作、群组分层断裂等会对联盟组合失败产生影响。因为关系过度嵌入可能会导致联盟组合产生固有的惯性和锁定效应，阻碍新知识在联盟成员间的流动，以及降低联盟组合对外部环境的适应能力。第三，从制度视角解读联盟组合失败的原因。在正式制度下，国家层面的不确定性关系可能导致联盟组合依赖关系的失败。例如，美国颁布对华为技术有限公司（以下简称华为）的"禁令"，要求华为的联盟伙伴，如安卓系统的谷歌公司、硬盘存储的东芝公司等，结束与华为的联盟合作关系。因此，现实中联盟组合的不稳定性和大量失败案例说明：企业不仅需要考虑是否与外部成员维持或构建联盟伙伴关系，还需要学会如何有效配置联盟组合战略。通过将自身资源和能力与联盟成员的资源和能力在联盟组合层面上有效配置，进而创造出联盟组合价值最大功效。

二、理论背景

企业加入各种联盟组合已成为当今商业格局中普遍存在的现象。例如，在电子信息、生物与新医药技术、新材料技术、汽车制造技术等高新技术行业中，联盟组合已成为这些高新技术行业获取异质性知识和信息的重要战略手段和组成部分。因此，大多数企业都会选择与不同的合作伙伴保持战略联盟关系，但这也意味着，企业需要面临管理多个联盟所带来的挑战。

（一）联盟组合视角下，配置联盟组合战略所引起的新现象，对企业创新能力理论带来了挑战

在传统的联盟研究中，聚焦于双边联盟的形成、管理等方面进行了大量研究；而网络视角方面，则关注联盟网络的关系和结构组成；联盟组合的研究则采用自我中心网络的观点，旨在探讨联盟组合的整体价值捕获。传统双边视角采用个体联盟作为分析单元来研究不同联盟的价值创造过程，而与此相反的是，组合视角则整合企业层面的分析单元，来探讨整个联盟组合中资源和战略的设计、管理，如何有助于企业绩效层面的提升。近年来，学术界对"联盟组合"这种现象的研究大量涌现，探讨当企业嵌入多个联盟时，企业如何协调多个联盟成员之间的关系，并从整体层面达到多联盟管理和战略协同，以实现异质性资源和知识在联盟组合内的充分共享和价值共创。

另外，在实践中，联盟组合的配置活动比管理单个联盟更复杂。然而，很多管理者不清楚联盟组合配置和企业创新能力之间的关系，也不清楚企业如何根据变化的条件动态地配置联盟组合战略。因此，管理联盟组合配置战略是一项非常棘手的任务。一方面，它可能带来信息超载和规模不经济的问题。同时，知识的重组也会变得越来越困难。例如，斯里瓦斯塔瓦和格尼亚瓦利（Srivastava & Gnyawali）认为，随着联盟组合规模扩大，联盟成员会难以建立紧密的联盟关系，也不利于联盟内部隐性知识转移；同时，过度联盟组合所导致臃肿的管理结构，可能也会使资源的调动和协调变得异常困难。❶另一方面，配置联盟组合战略所产生的成本，可能远高于知识整合所带来的创新收入。由此，企业应将战略关注的焦点，从双边联盟的形成、管理或者单一联盟成败等视角，转变为提升联盟组合配置

❶ SRIVASTAVA M K, GNYAWALI D R. When do relational resources matter? Leveraging portfolio technological resources for breakthrough innovation [J]. The Academy of Management Journal, 2011, 54（4）: 797-810.

战略的有效性，并通过合理的联盟组合配置战略来增强联盟组合的管理经验，以及降低联盟组合关系断裂的风险。在联盟组合中，焦点企业与其他联盟成员形成广泛的合作网络，已日益成为一个重要的管理重点，也是企业提高创新能力和实现持续竞争优势的关键。其中，联盟组合配置的影响效应可能会存在较大差别，因此，需要对不同来源、种类、形式的同质性和异质性知识、信息以及资源进行整合，以实现焦点企业创新水平的跃升，而以往研究恰恰忽略了这一点。

（二）从多元维度（包括认知维度）出发，构建有效联盟组合配置，能够深化传统的联盟伙伴选择的认识，并聚焦于价值共创视角的研究

现有学者对联盟组合所关注的研究焦点，主要聚焦于其对企业绩效的影响，在这个研究领域中，研究者们经常将联盟组合描述为创新绩效或者创新能力的源泉。❶许多研究表明，企业嵌入的联盟组合可以提高企业的学习能力和创新潜力。尽管联盟组合对创新的研究有了较多证明，但仍有大量的机会来延伸对联盟组合如何以及在何种条件下影响企业创新的理解。已有学者对 12 家领先的管理和社会科学期刊近 40 年所发表的联盟文献进行了研究回顾和总结，发现联盟和创新之间的文献尚存以下不足❷：首先，虽然已有研究考察了联盟组合对创新能力的影响，但这些联盟组合中"节点构型"的配置战略却很少受到关注。联盟组合配置是指网络中行为体的类型，这些行为体以其稳定的特性、特征或资源禀赋为特点。而最近的研究也认识到，联盟组合研究在很大程度上忽略了网络中"节点构型"的配置，并呼吁在联盟组合研究中更多地从多元视角来关注网络中企业资

---

❶ WASSMER U. Alliance portfolios：A review and research agenda［J］. Journal of Management, 2010, 36（1）：141-171.

❷ PHELPS C C. A longitudinal study of the influence of alliance network structure and composition on firm exploratory innovation［J］. The Academy of Management Journal, 2010, 53（4）：890-913.

源、关系、认知的组成。其次，针对联盟组合与企业创新之间的关系，已有学者仍旧没有在理论视角上达成共识。纳哈皮特和戈沙尔（Nahapiet & Ghoshal）研究了社会网络对创造力和创新的影响，强调了参与者从网络配置中获得的利益，并探讨了这些利益或"社会资本结构"是如何影响知识创造和创新能力的。❶ 特别是行动者一系列直接关系的配置（即联盟组合配置），更是吸引了不同领域学者的关注。这些研究立足于封闭网络中合作伙伴之间存在相互竞争的关系视角，而每个视角都有不同的因果机制将联盟组合配置与创新联系起来。这些研究得到了不同观点，学者们也从不同的视角进行了佐证。一种观点认为，配置良好的联盟组合，有助于维持联盟组合中异质性知识和新颖性信息的来源，促进了信息、知识、资源的流动与共享，降低了先验知识对联盟组合的锁定效应，因此对企业的创新有积极的影响。❷ 另一种观点认为，联盟组合配置可能导致竞争关系，其资源冗余性和竞争重叠性等会增加联盟管理难度，使联盟成员滋生机会主义倾向，导致"搭便车"行为的产生，最终对企业创新产生负面影响。❸ 产生这两种相互矛盾的结果，可能的原因在于：大多数研究考察了资源禀赋、关系治理以及结盟成因等方面的影响，而忽略了联盟组合配置方面的组成关系。而对联盟组合配置多元维度的研究，有助于进一步厘清这些相互矛盾的结果，并深入理解联盟组合如何影响企业创新能力的内在机制。最后，现有的研究经常缺乏从认知维度探究联盟组合（如共同愿景）和企业创新之间的关系。共同愿景的形成有助于增强联盟组合的凝聚力，扩宽

❶ NAHAPIET J, GHOSHAL S. Social capital, intellectual capital, and the organizational advantage [J]. The Academy of Management Review, 1998, 23（2）: 242-266.

❷ 雷辉，聂珊珊. 权变视角下联盟组合配置战略对绩效的影响 [J]. 系统工程, 2015, 33（9）: 1-8.

❸ WANG Y, YUAN C, ZHANG S, et al. Moderation in all things: Industry-university-research alliance portfolio configuration and SMEs' innovation performance in China [J]. Journal of Small Business Management, 2022, 60（6）: 1516-1544.

知识交流的渠道与频率，提升知识整合的广度与深度。但是，共同愿景并不是此类知识和信息获取的必要条件，也不是充分条件，因此，在研究联盟组合时可以不用对其考虑。相反，认知维度是一种稳定而持久的属性，它是一个组成变量，因此，在研究联盟组合作用机制时，需要对其认知维度加以探究。这是因为，与拥有不同知识存量的合作伙伴建立共同价值观，为联盟组合提供了获取不同信息和专门知识的途径，进而可以摆脱本地网络结构对其的束缚。

（三）关注知识耦合的呼吁，为解剖联盟组合配置的本质提供了新的思路，同时深化了组织知识创造理论的研究

随着联盟组合配置战略的推进，新联盟成员所携带的思维、观念、价值观等具有稳定性和组织黏性的特征，这可能会阻碍联盟合作过程中的技术创新行为。此外，为捕获新颖的、有价值的异质性知识和信息，其过程往往也伴随着对内外部创新环境的适应和联盟组合配置的变革过程。然而，这些联盟成员中已有的固化观念、符号、价值观等组织印记可能将不适应这种变革，进而对企业的创新尤其是联盟合作创新产生不利影响。组织知识创造理论认为，联盟组合是"知识处理系统"或"隐性知识池"，它为联盟成员提供了市场上无法交易或者无法独立开发的学习和交流平台。在这个平台下，联盟成员分享各自的关键技术、信息和相关资源，提高知识的互补性。在这个过程中，提升联盟成员知识分享意愿，整合联盟组合中分散的异质性知识，进而创造新知识，就成为如何配置联盟组合战略以适应变革的关键。知识耦合是联盟组合中"关系嵌入"过程中重要的润滑剂，可以通过改变联盟成员固有的观念或认知来有效提升组织变革以及技术变革的成功率。一方面，知识耦合扮演"知识加工者"的角色，对联盟组合中的相似知识进行认知与筛选，促进企业与联盟成员在社会化互动过程中更新已有的经验知识，以及吸收联盟成员新的隐性知识和显性知

识来避免知识编码带来的"能力刚性";另一方面,它运用新的知识(如新商业模式、新技术、新工艺、新流程)来发现新的创新机会,或者重构已有的机会。在联盟组合中,知识耦合主体不仅包括联盟组合的构建者,还包括联盟参与者,如上下游供应商、用户、竞争者、研发机构等利益相关者,其主体之间知识存量体系会显著影响联盟组合中知识耦合的有效性。而随着知识技能界限的专有性逐渐模糊,产品的集成性、研发过程的复杂性等不断提高,知识捕获、知识传递和知识共享等耦合体系将直接或间接地影响企业创新绩效。

（四）联盟管理能力在联盟组合研究中所起的边界作用逐渐受到关注

联盟组合中知识转移、知识整合、知识创造等研究,一直吸引着大量国内外学者的关注。然而,现有研究对联盟组合配置战略与知识耦合的关系及作用路径尚未得出一致的结论。究其原因,一方面,以往学者仅对联盟组合配置的单一维度特征与知识耦合的关系进行了分析讨论,且对联盟组合配置各维度的测量标准也并不统一,使得研究结论存在一定的不一致性或局限性,因此,其结论也未能系统地反映出联盟组合中知识耦合的具体作用效果。另一方面,从社会网络理论的相关研究成果可知,不同的联盟组合配置战略会对知识耦合行为产生不同的影响。这些相互迥异的观点已充分显示出联盟组合的"矛盾二重性",以及联盟组合配置影响其知识耦合这种直接作用关系的局限性,所以辩证动态地管理联盟组合,并进一步深入探讨联盟组合中知识耦合作用机制的情境或边界条件,便显得十分必要。因此,外部异质性知识虽然扩大了联盟组合可利用资源的范围,但知识的分离性与异质性也增加了知识捕获和传递的成本,而且知识的缄默性、复杂性,以及知识编码带来的"能力刚性"等问题,更是加大了异质性知识获取、整合和创造的难度。企业在联盟组合中的知识耦合过程,不可避免地会因为利益、价值观、文化、流程等方面的不同而产生冲突。而联盟组合中的冲突会对联盟成员间的关系产生消极影响，阻碍联盟成员之间的知识整合和创造行为，激烈的破坏性冲突甚至还会导致联盟组合的失败。因此，对联盟组合中联盟成员间的"关系失衡"进行管理，并及时处理知识整合和创造过程中的冲突，对于提高联盟成员间知识耦合的效果和效率有非常重要的作用。掌握联盟管理能力是企业在模糊前端阶段对知识进行融合创新的关键环节，这在一定程度上也是决定联盟组合是否成功的要素之一。根据资源基础理论，优秀的联盟管理能力对联盟组合来说本身就是一种稀缺的、有价值的以及难以替代的组织资源，而对联盟组合的管理也是联盟经验在联盟组合发展过程中对知识和资源吸收的成果。知识整合和创造的实现，依赖于联盟组合中隐性知识和显性知识的有效利用，而联盟管理能力体现了企业对联盟组合中知识资源的配置与整合水平。而当企业拥有较高的联盟管理能力之后，便能够突破有限资源的束缚，将竞争优势扩展到联盟成员的交互关系中，促进知识耦合行为的高效进行。另外，企业所具有的优异的联盟管理能力，往往也可以提升技术创新的研发壁垒，进而有助于企业的技术创新不易被竞争对手所模仿。例如，苹果手机作为全球最赚钱的手机，其成功不仅来源于对产业联盟中的芯片、闪存、电容器、显示屏、摄像头等全球顶尖企业产品的有效整合，还包括对声纹识别、数据库、地图与导航服务、软件安全、深度学习等并购企业的管理；同样，特斯拉电动汽车的成功也源于对电池产业链、整车供应商等联盟成员的有效管理和整合。因此，未来的研究不仅需要探索联盟组合配置与知识耦合之间的关系，还需要关注联盟管理能力对联盟组合配置与知识耦合关系所起的边界作用机制。

综上所述，为了弥补上述研究缺口，本书通过探索式案例研究和实证研究相结合的方式，致力于探讨中国本土产业的联盟组合配置如何影响知识耦合，并最终对企业创新能力产生作用的全过程。此外，本书还运用实证的方法检验了不同联盟管理能力如何影响联盟组合配置与知识耦合之间的关系。

第二节　研究问题的提出

随着全球化的不断推进以及技术变革、环境的不确定性，企业与上下游供应商、顾客、大学与研发机构等其他成员形成广泛的合作网络，已逐渐成为一个重要的管理重点，也是企业提高知识耦合能力和实现持续竞争优势的关键。但是，作为新兴的组织方式，联盟组合也面临着越来越多的挑战。一方面，虽然联盟组合能为企业提供大量的知识、信息等资源，但由于资源的稀缺性与异质性等特征所导致的联盟成员间的竞争性行为，也给企业评估甄选、整合重组这些资源提出了较高要求。另一方面，联盟核心能力的不足往往伴随联盟组合的深入而积重难返，并在开放式创新环境下成为联盟组合变革或转型的主要障碍，这又被称为联盟组合的"能力陷阱"难题。由此，未来的研究重点可以更多聚焦于焦点企业与联盟成员在价值共创过程中，如何有效配置联盟组合的伙伴维度、关系维度、结构维度以及认知维度等战略，进而有效解决焦点企业与联盟成员间的信任问题，以及缓解联盟组合的"能力陷阱"难题。鉴于上述我国现实背景和理论背景的有关分析，本书在借鉴和融合已有学者的研究基础上，以社会网络理论、资源基础理论、组织知识创造理论、动态能力理论等为视角，探究联盟组合配置对知识耦合和企业创新能力的影响机制，以及在不同联盟管理能力下其作用机制的变动情况。具体而言，本书紧密围绕"联盟组合配置如何影响企业创新能力"这一基本理论问题，将以三个子问题为主要核心线索来剖析本书的研究思路和研究内容。

一、联盟组合配置与企业创新能力有何关系

尽管合作创新早已成为政府和学界关注的热点，且国内外学者围绕联盟组合也提出了许多真知灼见，但是现有研究在探讨联盟组合与企业创新之间的关系时仍存有一些争论。在联盟组合中，焦点企业与其他联盟成员形成广泛的合作网络，已日益成为一个重要的管理重点，也是企业提高创新能力和实现持续竞争优势的关键；其中，联盟组合配置的影响效应可能会存在较大差别，而以往研究恰恰忽略了这一点。以往研究大多关注联盟组合源起、联盟组合治理、联盟组合管理以及联盟组合结构特征或关系特征与创新之间的关系等。然而，随着联盟组合研究的深入，我们发现在联盟组合中创新能力的影响因素是多种战略配置的结果。例如，联盟伙伴多样性、关系联结强度、资源冗余性、联盟规模或中心位置等。因此，学者们呼吁探讨企业创新能力时，需要从不同维度考虑联盟组合配置的作用效果。联盟组合配置是一个复杂的概念，包含伙伴属性、关系属性、结构属性、认知属性等多个维度，这些属性决定了获取网络资源的潜力。因此，有必要深入探究联盟组合配置与其创新能力之间的关系。

二、联盟组合配置与企业创新能力之间的影响路径是什么

为了更有效地发挥联盟组合中创新网络的协同效应，必须明晰联盟组合对企业创新活动的作用机理。然而，从已有的研究来看，大部分文献还仅限于探讨联盟组合与创新之间简单的相关关系，而少有研究从整体角度剖析联盟组合配置与企业创新能力之间的分析框架或者关系模型，探究联盟组合配置如何作用于企业创新能力的作用机制。有鉴于此，在已有研究具有较大争议的情况下，如何通过有效配置联盟组合战略，来捕获数量多、质量优以及多样性的资源，进而推动企业创新能力的提升，已成为

企业界和学术界共同关注的焦点。目前，国内外许多研究将知识耦合作为联盟组合的重要补充，并认为联盟组合是一个动态变化的联盟统一体的集合，它同时具备知识资源异质性与多样性并存、位置中心性和中介性并存、节点群簇性和稀疏性并存等优势；而知识耦合可以有效地将联盟组合异质性知识和资源等多重优势实现社会化、外显化、联结化以及内隐化等转变，进而提升联盟价值潜力。基于此，本书拟在联盟组合配置对企业创新能力的影响模型中引入知识耦合作为中介变量，进而弥补现有学者研究结论存在的不一致现象。

三、不同联盟管理能力是否会产生不同影响

如何配置联盟组合战略，减少联盟组合内部冲突和知识搜索成本，以及提升联盟信息和技术的有效流动与充分共享，也是摆在管理者面前的一道难题。此时，作为一种维护、发展、升级联盟稳定性和信任关系的能力，联盟管理能力对企业配置联盟组合战略具有积极的作用。联盟管理能力的本质是让联盟组合建立良好的适应机制，使联盟组合在不同时期、不同创新（渐进性或突破性）情景下适应动态复杂性、高度不确定性以及高风险性的外部环境压力。因此，较高的联盟管理能力，可以使企业系统配置联盟组合内外部资源和能力，辨别新兴技术发展的趋势和方向，推动信息和知识在联盟组合内部的传播与扩散，为联盟知识耦合营造良好的内外部环境。因此，本书在研究联盟管理能力的调节机制下，思考企业如何根据不同的关系治理能力和合作前瞻能力来配置有效的联盟组合，换句话说，就是研究在权变因素作用下联盟组合配置对知识耦合的作用机制。

第三节　文献综述

　　战略联盟作为应对外部环境变化、搜索与利用外部异质性资源以及降低高度不确定性风险的重要战略管理手段，在早期的学术研究和实践过程中，已经得到广泛的证明和认同。进入 21 世纪后，随着开放式创新范式和全球一体化的迅猛发展，尤其是在集成电路制造技术、精密机床、医药生物等技术密集型行业，越来越多的企业会选择同时与多个合作伙伴保持直接的战略联盟关系，以此构建联盟组合来维持企业获取持续的创新优势。联盟组合作为战略联盟的进一步拓展和研究，其引起的新现象、新趋势以及伴随的管理新问题，目前已经引起管理领域、经济领域等学者的极大关注和重视，并在战略联盟研究成果的基础上，取得了一些最新的研究成果。

一、联盟组合相关研究综述

　　随着学术界对战略联盟等相关理论的进一步拓展，以及实践领域针对现实中企业同时与多个战略联盟建立关系，并产生交互、协同作用等不断涌现的现象，有关战略联盟的研究，开始由双边联盟、多边联盟等视角逐渐转向联盟组合视角。

　　对战略联盟这一研究主体，现有学术界按微观、中观、宏观三个分析层次对其进行划分：（1）微观层面上，主要是从单边联盟或双边联盟的层面进行研究；（2）中观层面上，主要是从联盟组合的层面进行研究；（3）宏观层面上，主要是从联盟网络的层面进行研究。❶图 1-1 展示了战略联盟之间的关系，其中 A、B、C、D、E、F 为 6 个企业，F 企业不与另外 5 个企业相联系。从焦点企业 A（灰色椭圆框）的视角出发，A 企业分别与 B、C、D、E 企业之间都存在一个双边联盟的关系（例如，A 企业与 B 企业之间构建了一个双边联盟），而 B 企业和 D 企业分别都构建或加入了一个多边联盟或联盟星群。因此，以 A 企业为焦点企业，在一个时间段内，同时与 B、C、D、E 企业之间保持直接的联盟关系的集合，就被称为联盟组合。此外，图中所有企业（包括单独的 F 企业），以及这些企业所构建的双边联盟、多边联盟或联盟星群、联盟组合，统称为联盟网络。

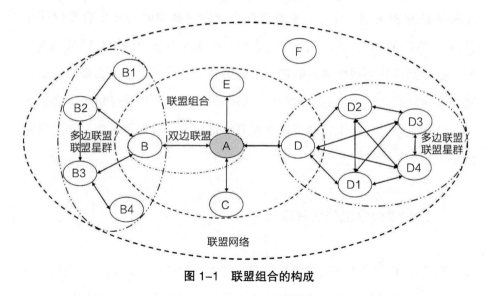

图 1-1　联盟组合的构成

（一）双边联盟

20 世纪 80 年代以来，有关战略联盟的理论研究逐渐吸引了学术界的兴趣与关注，不过早期的联盟研究主要聚焦于对双边联盟的探讨。双边联

❶ WASSMER U. Alliance portfolios：A review and research agenda［J］. Journal of Management，2010, 36（1）：141-171.

盟的定义表示的是企业之间二元联结的单个联盟，即具有独立属性的两个企业，在资源共享等愿景的基础上，以达到共同目标而建立的合作关系。❶举例而言，如果 A 企业和 B 企业在共同愿景的基础上，为了共同的目标而组成了一个单一联盟，那么这个单一联盟就是由两个企业而组成的双边联盟，其中，A 企业和 C 企业、A 企业和 D 企业、A 企业和 E 企业均分别构建了一个双边联盟。例如，沃尔玛百货有限公司（以下简称沃尔玛）与宝洁公司（以下简称宝洁）之间建立了一个产销战略联盟，而通过这个产销战略联盟，宝洁的纸尿裤产品通过沃尔玛超市出售，使得产品周转率提高了 70%，宝洁的产品销售额也上涨了 50%，增加到 30 亿美元。❷与此同时，沃尔玛将这种成功的产销战略联盟模式推广到其他领域或公司，使得沃尔玛在 1990 年超过了凯马特公司，成为美国最大的商品零售商。这里沃尔玛与宝洁之间所成立的产销战略联盟，就是本书所说的双边联盟。

双边联盟主要以两个企业之间所组成的单个联盟为研究单元。一方面，是对联盟形成的原因进行解释，并从理论角度对联盟稳定性进行探究。其目的是解答两个最基本的问题：企业缔结联盟的原因是什么和如何建立稳定的联盟关系。另一方面，是通过联盟双方的关系、结构以及配置特征去探究联盟绩效的影响因素。资源基础观认为，企业是所有互补性资源的集合体，而互补性资源是企业维持持续性竞争优势的重要源泉，其中，可持续竞争优势又为企业获取隐性知识和资源提供了前提。因此，企业会选择资源互补的企业进行结盟，在整合两者优质的异质性资源的基础上，有助于实现更大的价值创造潜力。由于结盟双方资源投入以及资源专属性程度的差异性，会导致双边联盟中产生不对等的联盟依赖关系。因

---

❶ 彭伟，符正平．国外联盟研究脉络梳理与未来展望［J］．外国经济与管理，2011，33（12）：49-57.

❷ 王桂花．简析沃尔玛与宝洁公司的商业关系从破裂到实现共赢的实例及启示［J］．对外经贸实务，2014，311（12）：77-79.

此，在信息掌握不对称的情况下，若双边联盟中被依赖关系的一方采取了机会主义行为，那么就有可能损害另一方的利益或者潜在价值，进而不利于双边联盟的稳定性，甚至会导致联盟关系提前中止。已有学者根据社会网络分析的有关研究，建议通过个体的网络地位（位置优势）来解释联盟形成与稳定性机制。[1] 位置优势的"信号发射"和"网络传播"两种属性有助于企业优先获取资源优势，而这种理论将位置优势视为个体网络中的特征差异，但是，这种理论成立的前提是需要将分析单元限定在单个企业中。例如，双边中的个体位置优势越突出，越有可能获取潜在的联盟机遇，而在联盟位置中相对弱势的一方，可能在探究联盟形成或维持联盟稳定性的过程中容易被忽视或省略。因此，从位置优势的视角审视双边联盟，拓展了相关联盟研究的视野，其双边联盟中企业之间的关系或地位的近似性，更有助于协调联盟双方的关系，提升双边联盟的稳定性和可靠性。此外，从联盟双方匹配机制、契约建立、网络构型等角度对双边联盟进行研究。例如，达斯和登（Das & Teng）认为双边联盟中，双方信任关系及其承诺的执行是联盟成功的关键要素。[2] 维斯帕根和杜伊斯特（Verspagen & Duysters）研究发现，对于跨行业的联盟，双方之间的共同语言对联盟成功至关重要。[3] 杜伊斯特、科和范德兰（Duysters, Kok & Vaandrager）认为结盟双方之间信任与承诺的缺失、文化距离的差异性、战略匹配的不一致性等都是影响联盟稳定的重要因素。[4]

---

[1] 王曦,符正平,罗超亮.基于角色的地位:企业联盟形成机制研究［J］.山西财经大学学报,2017, 39（8）: 71-84.

[2] DAS T K, TENG B S. Between trust and control: Developing confidence in partner cooperation in alliances［J］. The Academy of Management Review, 1998, 23（3）: 491-512.

[3] VERSPAGEN B, DUYSTERS G. The small worlds of strategic technology alliances［J］. Technovation, 2004, 24（7）: 563-571.

[4] DUYSTERS G, KOK G, VAANDRAGER M. Crafting successful strategic technology partnerships［J］. R&D Management, 1999, 29（4）: 343-351.

（二）多边联盟或联盟星群

已有研究中，多边联盟或者联盟星群从本质上讲是相似或相近的联盟。因此，在研究多边联盟或者联盟星群时，本节以多边联盟作为代表对其两者进行统一探究。从定义上来看，多边联盟似乎可以从战略联盟的角度来对其加以解析，但是，联盟规模的扩大和多样性的增加，往往会导致联盟复杂性的增加，以及联盟关系不确定性的加剧。因此，在探究多边联盟时，不能以传统的双边联盟分析范式对其进行解读。多边联盟是指三家或三家以上的企业，在共同目标下，以正式或非正式形式所建立的资源共享、风险共担的多边合作关系。因此，多边联盟的含义、构型、关系治理等明显不同于双边联盟，双边联盟的相关研究结论或者研究范式并不能直接套用到多边联盟。鉴于多边联盟和双边联盟之间的关系，彭伟和符正平对多边联盟和双边联盟之间的区别做了比较详细的分析，❶分为以下三点：第一，多边联盟中联盟成员的数量要不少于 3 家，其存在的联结关系不同于双边联盟中所建立的狭义的社会交换关系，多边联盟的交换关系更加广义，建立的联盟关系可能不一定存在直接的联结关系，联盟成员间也不一定产生直接的互惠关系，因此，与双边联盟相比，多边联盟可能更加容易产生"搭便车"行为。第二，与双边联盟相比，多边联盟中联盟成员的规模更大、多样性更高，导致联盟成员之间的复杂性程度增加，以及联盟关系的不确定性加剧，因此，也就增加了多边联盟中联盟成员协调和治理的难度。第三，多边联盟与双边联盟不同，其内部更加容易滋生机会主义威胁，因此，其联盟成员之间需要更多的交流与信任来维持多边联盟稳定。举例而言，图 1-1 中，B 企业、B1 企业、B2 企业、B3 企业、B4 企业在特定的合作目标下，所建立的正式或非正式的多边合作关系，其合作成员

---

❶ 彭伟, 符正平. 国外联盟研究脉络梳理与未来展望［J］. 外国经济与管理, 2011, 33（12）：49-57.

不少于3家，这样的多边合作关系就叫多边联盟或联盟星群。另外，D企业、D1企业、D2企业、D3企业、D4企业也叫多边联盟或联盟星群。例如，研发联盟、产品捆绑销售联盟、联合营销协议、多边的合资企业、联合竞标联盟等，都是多边联盟的表现形式。2018年3月，长安汽车股份有限公司和桑德集团有限公司等以推进新能源汽车的技术发展和商业化为共同战略目标，所构建的新能源汽车生态圈联盟就是一个典型的多边联盟例子。

（三）联盟网络

传统上，竞争被认为是个体企业层面所需要考虑的事情。换句话说，在来自政府、供应商以及客户等众多压力的背景下，企业为了稀缺资源而相互竞争，以使各自在价值链中的利润份额最大化。如今，虽然这些基本目标没有改变，但是，一些企业应对这一挑战的方式已逐渐发生变化。因此，越来越多的管理者意识到建立联盟网络的重要性，以将多个企业的资源和能力捆绑在一起，因为这些资源和能力的集合要远远比分开更具有价值。资源基础观认为，企业所具有的独特异质性资源，决定了企业价值的大小，而联盟网络从一定程度上来说，可以认为是企业边界的延伸和资源属性的拓展。弗拉米亚（Flammia）认为，联盟网络是通过其动态能力和知识共享来调整其科学资源，以使联盟合作要比单一的知识型依赖企业获取更多的价值，进而提升股东价值。[1] 联盟网络也被认为是一种网络资源，而企业可以根据联盟网络所具有的价值创造属性来捕获和创造网络资源。通过加入联盟网络，联盟成员也可以基于联盟来创造新的集团优势，其利益可以按照个体企业在联盟网络中所主张的强度（也就是说，在大的蛋糕中占有大的份额）来进行分配。在这过程中，企业也根据自身的战略

---

❶ FLAMMIA A F. Breakthrough innovation in the biopharmaceutical industry: An examination of strategic network alliances and the impact on shareholder value [D]. Philadelphia: Temple University, 2018.

目标，选择最匹配的联盟成员进行合作，进而共同实现关系租金的创造活动。

已有学者指出，联盟网络是所有行动者之间所形成的各种联盟关系的集合体。例如，多兹和哈默尔（Doz & Hamel）将联盟网络定义为类似组织之间产生联系的所有联盟的集合，包括组织构建的跨国联盟网络。❶贾里洛（Jarillo）认为，联盟网络是两家以上的企业为了提升企业绩效和竞争优势，而采用签订契约的形式来达到资源或知识共享、风险共担的一种合作网络模型。❷洛伦佐尼和巴登富勒（Lorenzoni & Baden-Fuller）将联盟网络定义为以中心企业作为战略指导的联盟，它被用来描述一个由不同结盟伙伴所组成的网络，但它并没有识别和强调"自我中心型"的基本角色。❸举例而言，在图1-1中，所有的企业（包括单独的F企业）以及这些企业所构建的双边联盟、多边联盟或联盟星群、联盟组合，统称为联盟网络。产业集群就可以认为是由企业和联盟共同组成的一个大规模联盟网络，例如，德阳市装备制造业产业集群就是一个典型的联盟网络例子。

（四）联盟组合

随着学术界和实践界对战略联盟认识的加深，研究的热点逐渐从双边联盟、多边联盟或联盟星群、联盟网络深入联盟组合相关理论的研究。传统的联盟研究主要集中在单一联盟的形成、治理、演化和绩效，以及企业进入联盟后的绩效，而现有文献聚焦于焦点企业与联盟组合层次的分析研究，试图揭示焦点企业联结不同合作伙伴并同时管理多个联盟时出现的问题。联盟组合是直接联结的"自我中心型"的所有网络，即以焦点企业为

---

❶ DOZ Y L, HAMEL G. Alliance advantage: the art of creating value through partnering [M].
Boston: Harvard Business School Press, 1998.

❷ JARILLO J C. On strategic networks [J]. Strategic Management Journal, 1988, 9 (1): 31-41.

❸ LORENZONI G, BADEN-FULLER C. Creating a strategic center to manage a web of partners [J].
California Management Review, 1995, 37 (3): 146-163.

归纳得出；而战略类型以理论为基础，以演绎的方式产生，因此更容易推广到各个行业。尤其是归纳法的追随者们，关注于测试不同战略群体之间的绩效差异，但结果大多模棱两可。而在战略类型的情况下，尽管战略群体之间至少存在一个"宽松"的战略，但通常不会要求群体之间的绩效差异。配置的概念在企业战略层面（如使命、资源、市场等）和组织结构文献（如集中化层面、协调机制、矩阵结构等）中受到了相当大的关注。在战略管理的文献中，组织结构和配置类型是一个特别值得关注的问题，而它常被用来指导态度、注意力、影响力、动机以及努力等。同时，在战略管理文献中，联盟配置概念的发展，包括其在企业战略、企业使命、战略资源以及目标使命等方面的应用。然而，这些配置视角主要是基于静态视角来考虑联盟一致性的问题，代表企业的联盟网络或系统、控制范围、规范化和分散化类型以及规划系统。然而，随着企业越来越多地在分散的联盟组合中运行，而将企业视为中心的联盟组合（而不是单个企业）的配置，对于未来的发展潜力变得越来越重要。例如，奥兹坎和艾森哈特（Ozcan & Eisenhardt）的研究发现，焦点企业会随着环境的变化来不断地调整联盟组合的战略配置，以改变其在联盟组合中的网络位势，使其占据更加有利的中心位置。❶ 切尔迈伊、仑顿和吴（Csermely，London & Wu）等认为，焦点企业越靠近联盟组合的中心位置，便越有利于捕获或控制联盟伙伴所拥有的独特性信息和资源，进而增强其联盟组合与其他企业之间的联系，以及扩宽与其他企业构建联盟组合关系的范围。❷ 拉维、豪斯奇尔和坎纳（Lavie，Haunschild & Khanna）研究认为，联盟成员实力的强大，有助于联盟组合价值潜力的最大化，但是过于强大的联盟成员，可能会增

---

❶ OZCAN P, EISENHARDT K M. Origin of alliance portfolios: Entrepreneurs, network strategies, and firm performance [J]. The Academy of Management Journal, 2009, 52（2）: 246–279.

❷ CSERMELY P, LONDON A, WU L Y, et al. Structure and dynamics of core/periphery networks [J]. Journal of Complex Networks, 2013, 1（2）: 93–123.

强在联盟组合中的议价能力，进而在分配联盟组合中的价值准租时，抢夺焦点企业在联盟组合中的话语权。❶ 雷辉和聂珊珊采用了利用－探索的研究框架来对联盟组合配置进行实证研究，并认为在联盟组合的发展过程中，需要根据焦点企业的组织特征（如年龄特征、高管团队特征等），来采取适合的利用式联盟组合配置战略或者探索式联盟组合配置战略。❷

综上所述，各领域对联盟组合的研究主题主要围绕三个问题，即联盟组合的形成、配置以及管理。尽管焦点企业对联盟组合配置具有潜在的重要作用，但这方面的理论和实证工作与创新之间的研究仍然比较有限。从本质上来说，联盟组合配置对焦点企业的战略决策起到了至关重要的作用：（1）决定了焦点企业从联盟组合中所获取信息、知识以及资源的数量、质量、多元性；（2）决定了焦点企业从联盟组合中获取资源的有效性和及时性；（3）决定了焦点企业在联盟组合中网络位势的稳定性和弹性。因此，在已有研究的基础上，本书认为联盟组合配置为：由焦点企业对其联盟成员施加的一系列战略部署，并通过联盟组合来保证所能获取的信息和资源的质量、数量、多样性，获取网络资源的有效性，以及焦点企业在跨组织领域中地位的灵活性或稳定性。

（二）联盟组合配置的构成要素

由于联盟组合配置属性的复杂性和多元性，对其构成要素的研究，学者们目前仍未在理论视角上达成共识。霍夫曼（Hoffmann）在权变理论和共演框架的基础上，将联盟组合配置分为联盟数量、联结强度、冗余性、

---

❶ LAVIE D, HAUNSCHILD P R, KHANNA P. Organizational differences, relational mechanisms, and alliance performance [J]. Strategic Management Journal, 2012, 33（13）: 1453–1479.

❷ 雷辉，聂珊珊. 权变视角下联盟组合配置战略对绩效的影响 [J] 系统工程, 2015, 33（9）: 1–8.

传播性四个维度。❶ 唐、费希尔和奎尔斯（Tang, Fisher & Qualls）研究了联盟配置战略如何通过建立"什么（what）"类型的联盟和"与谁（with who）"建立联盟来降低股东风险，并引入了伙伴关联性和联盟关联性两个概念来划分联盟配置战略，考虑联盟伙伴和联盟活动如何与焦点企业的业务活动相关联。❷ 金姆和崔（Kim & Choi）从韩国制药和生物技术行业的联盟组合现象出发，研究了联盟组合配置与焦点企业绩效之间的关系，并采用三个解释变量——联盟数量、合作伙伴数量和跨越结构洞来衡量联盟组合配置。❸ 蔡、黄和王（Tsai, Huang & Wang）研究发现，联盟组合中的竞争关系为焦点企业创造了利益，但是容易威胁到联盟伙伴的利益，增加联盟终止的风险。❹ 因此，他们提出了四种机制来管理联盟伙伴的竞争威胁，这四种机制反映了联盟组合配置的各个方面：联盟治理、社会凝聚力、竞争的社会结构以及伙伴相似性。雷森德·科斯塔等（Rezende da Costa, et al）将联盟组合配置分为联盟组合中伙伴多样性、行动者属性多样性、结果多样性三个维度，并得出结论：在新兴市场国家的企业，为了激发新技术技能的创造性，可以选择同质的联盟伙伴来配置联盟组合战略；而若外部不确定性较高时，企业应选择具有不同特征和属性的联盟伙伴为优先对象，来配置多元化的联盟组合战略，以寻求联盟组合在市场中的合法性和

❶ HOFFMANN W H. Strategies for managing a portfolio of alliances [J]. Strategic Management Journal, 2007, 28（8）: 827–856.

❷ TANG T Y, FISHER G J, QUALLS W. Interfirm alliance configuration as a strategy to reduce shareholder risks [J]. Journal of Business Research, 2016, 69（3）: 1199–1207.

❸ KIM H S, CHOI S Y. Technological alliance portfolio configuration and firm performance [J]. Review of Managerial Science, 2014, 8（4）: 541–558.

❹ TSAI H T, HUANG S Z, WANG C H. Cross–border R&D alliance networks: An empirical study of the umbilical cord blood banking industry in emerging markets [J]. Asian Journal of Technology Innovation, 2015, 23（3）: 383–406.

互补能力。❶其中，合法性为导向的联盟组合特征，包括显性知识交流、利用式学习、合作伙伴异质性、正式的治理机制、行为主体高度多样性等特点，但存在合作伙伴之间信任和互惠纽带较为薄弱等缺点；而能力导向的联盟组合特征，包括隐性知识交流、探索式学习、合作伙伴同质性、非正式的治理机制、与合作伙伴之间具有较高的信任和互惠纽带、行为主体较低的多样性等特点。在此基础上，林和达纳尔（Lin & Darnall）以能力导向和合法性导向为基础，将战略联盟配置概念划分为四个结构维度，即组织学习（探索式学习和利用式学习）、伙伴多样性（异质性和同质性）、治理结构（契约和控制、正式和非正式）、伙伴关系（强联结和弱联结）。❷詹也和吴晓波以企业联盟组合为研究对象，采用多案例比较的研究方法，探讨了企业如何设计和管理联盟组合来支持其长期战略目标的实现，并基于伙伴竞争性、资源冗余性和关系紧密性三个维度，来提出联盟组合配置战略的分析框架。❸

因此，联盟组合配置由多种因素构成，包括联盟组合中关系的数量、分散性、资源冗余性、联结强度，以及联盟组合中联盟成员的规模、联盟组合结构、联盟组合关系特征等。因此，本书在已有学者的研究基础上，从伙伴维度、关系维度、结构维度、认知维度四个方面，对联盟组合配置展开研究。具体来说，本书的联盟组合配置主要包括以下四个方面的内容：（1）联盟伙伴多样性；（2）关系联结强度；（3）网络位置权力；（4）共同愿景。

---

❶ COSTA P R D, JUNIOR S S B, PORTO G S, et al. Relational capability and strategic alliance portfolio configuration: A study of Brazilian technology firms [J]. International Journal of Emerging Markets, 2018, 13（5）: 1026–1049.

❷ LIN H, DARNALL N. Strategic alliance formation and structural configuration [J]. Journal of Business Ethics, 2015, 127（3）: 549–564.

❸ 詹也, 吴晓波. 企业联盟组合配置战略与组织创新的关系研究：基于我国汽车行业的多案例研究 [J]. 科学学研究, 2012, 30（3）: 466–473.

1. 联盟伙伴多样性

在联盟组合中，不同的联盟伙伴可以为焦点企业捕获不同类型的多样性知识。例如，高校与研究机构可以从联盟伙伴处获取基础性知识和潜在的可执行的高质量研究。供应商拥有与生产过程和输入特征相关的知识，这些知识可能导致过程创新、成本降低、产品创新，而用户可以成为新产品创意的来源。通过与竞争对手的合作，可以获得特定行业的知识，并有可能在竞合基础上实现知识共享。例如，研究设施、技术顾问以及私人研究机构均是有价值的知识源泉，他们可以为竞合组织提供工程研发能力或市场知识，进而有助于商业化创新。王双龙从信息和知识的角度来审视联盟成员之间关系的差异性程度，认为联盟成员间的关系越多样性，则越有助于焦点企业从联盟组合中获取异质性信息或资源。❶ 寿柯炎、魏江和刘洋总结了国内外联盟组合多样性的观点，试图从三种视角对联盟组合多样性进行刻画。❷ 第一种视角是组织维度，认为联盟组合多样性可以为焦点企业捕获不同类型的异质性知识。例如，市场知识、基础前沿的技术知识、产品研发的技术知识、竞争对手独特性的技术知识等差异性。这类研究文献往往将联盟组合中联盟成员所形成的组织类型划分为上下游等组织类型，或者将其具体划分为政府、研究机构、上游供应商、下游经销商、用户、高校等组织类型。第二种视角是从资源的角度出发，考察联盟组合中联盟成员的资源差异性程度，例如，联盟成员技术多样性或联盟成员知识多样性等。这类研究从资源类别出发，对不同类别的聚焦与分散化程度进行衡量，或者采用联盟成员的产业背景来刻画联盟组合的差异化程度。第三种视角是从地理纬度出发，认为联盟组合中联盟成员之间的地理存在

---

❶ 王双龙. 联盟关系的多样性对企业创新平衡模式的影响机制研究 [J]. 科学学与科学技术管理, 2018, 39（1）: 107–117.

❷ 寿柯炎, 魏江, 刘洋. 后发企业联盟组合多样性架构: 定性比较分析 [J]. 科学学研究, 2018, 36（7）: 1254–1263.

多样性，而地理多样性也就意味着联盟成员之间的文化、人文风情、制度、惯例、经济、意识等之间存在差异化。这类研究文献往往从联盟成员之间的国家分布来加以区分，或者进一步细分为联盟成员的文化距离、制度距离等的差异化水平。此外，还有的研究文献从属性差异、市场定位、治理结构、功能目标等角度探讨联盟组合的多样性问题。例如，一些学者以关系资源观点对联盟伙伴多样性进行解释。鲍威尔、科普塔和史密斯 - 多尔（Powell, Koput & Smith-Doerr）指出，多样性的联盟关系为企业提供了关键的、及时性的以及具有排他性的资源和知识。❶ 除了知识获取渠道，提升知识应用是联盟组合中联盟伙伴多样性的另一个战略利益。格朗和巴登 - 富勒（Grant & Baden-Fuller）认为，异质性的联盟关系通过将知识有效整合到复杂产品的生产和服务中，来有效地利用知识，从而提高知识应用的效率。❷ 在未来知识需求和环境变化的不确定性下，跨企业之间的联盟多样性使得焦点企业可以分散投资风险，并在新的知识领域中获取分段投资的期权价值。因此，本书参考古尔赞和比米什（Goerzen & Beamish）的研究，将联盟伙伴多样性定义为联盟组合中合作伙伴之间的广度、分散性、异质性或差异性。❸

2. 关系联结强度

已有学者在对联盟组合关系维度进行研究时，主要从关系联结强度、关系紧密性、关系凝聚力等角度进行测量。根据格兰诺维特（Granovetter）关于弱关系（松散的、不可持续的社会关系）和强关系（持久的、重复

---

❶ POWELL W W, KOPUT K W, SMITH-DOERR L. Interorganizational collaboration and the locus of innovation: Networks of learning in biotechnology [J]. Administrative Science Quarterly, 1996, 41（1）: 116-145.

❷ GRANT R M, BADEN-FULLER C. A knowledge accessing theory of strategic alliances [J]. Journal of Management Studies, 2004, 41（1）: 61-84.

❸ GOERZEN A, BEAMISH P W. The effect of alliance network diversity on multinational enterprise performance [J]. Strategic Management Journal, 2005, 26（4）: 333-354.

的、紧密的社会关系）的概念，网络关系维度是指经济活动如何受关系质量的影响。❶ 因此，这一维度显示为关系的特征和属性，例如，信任和关系质量，而这些特征和属性又主要来源于伙伴互动关系、企业历史和声誉对其的影响。现有学者在研究关系联结时，主要分为两个流派对其进行探究："强关系"学派和"弱关系"学派。"强关系"学派主要代表学者是科尔曼（Coleman），其研究强调团结、合作在网络关系中的重要性，认为企业获取社会资本的先决条件是要在网络中建立紧密的伙伴关系，而社会资本的建立可以加速知识共享和信息交流的效率和速度。❷ 而"弱关系"学派的代表以格兰诺维特为主，他们认为强关系限制了网络的扩展范围，导致已熟悉的网络伙伴之间容易产生冗余的知识和资源，出现"关系嵌入性"难题，进而影响新知识的形成和扩散；而弱关系有助于联盟组合中新信息和新资源的来源渠道多样化，有助于创新理念和思想的形成。❸

社会网络理论认为，网络中合作伙伴之间的关系联结又可以划分为关系范围和关系强度。关系范围是指合作网络所涵盖的不同参与主体的广泛性。关系强度是合作伙伴之间的关系紧密程度，以往研究往往利用凝聚力、信任程度来衡量。社会网络理论还认为，关系强度会采用不同的机制来应对企业战略行为所造成的影响，进而降低交易成本，提高知识和资源的转移速度和频率。埃尔夫林和胡新克（Elfring & Hulsink）探究了关系联结的强弱显著影响新创企业资源捕获、机会识别以及合法性地位获取，即强联结关系为新创企业的资源捕获带来了便利，而弱联结关系有利于新创

---

❶ GRANOVETTER M. Economic action and social structure: The problem of embeddedness [J]. American Journal of Sociology, 1985, 91（3）: 481–510.

❷ COLEMAN J S. Foundations of social theory [M]. Cambridge, mass: Belknap Press of Harvard University Press, 1990.

❸ GRANOVETTER M. The strength of weak ties: A network theory revisited [J]. Sociological Theory, 1983, 1（2）: 201–233.

企业获取合法性地位。❶因此，联盟成员之间的强弱联结拥有各自的优势，弱联结带来的非冗余性知识集聚有助于激发创新，而强联结带来的信息、资源的流动和共享有助于实现创新。在社会网络中，合作伙伴之间形成的强联结和弱联结均有其各自的优势。例如，从技术转移的角度来观察，强联结有助于复杂的、隐性的以及非解码的知识在合作伙伴之间的传递和交流，而弱联结则有助于简单的、显性的以及已解码的知识在合作伙伴之间的传递和交流。从关系质量的角度来观察，强联结有助于信息和资源的交换质量和频率，促进合作伙伴之间的交流、互信、知识共享以及合作解决问题的能力；而弱联结则有助于信息和资源的交换数量，保障合作伙伴之间获取相关信息和资源的及时性和多样性，增加网络链接关系的非冗余性，进而接触到合作伙伴的独特性、异质性的知识领域而加速企业创新。

然而，已有的研究也认为，联盟成员之间的强联结关系对焦点企业的创新能力是一把"双刃剑"，强联结关系在带来知识共享的同时，也会产生负面效应，如市场响应效率下降、同质化封闭网络的产生以及合约数量和质量的降低等。同时，联盟成员之间的强联结也不能很好地解决联盟组合中隐性知识交流与共享。瓦斯默和杜索格（Wassmer & Dussauge）研究发现，联盟组合由少量的强联结关系和大量的弱联结关系组成，其有效性要大于大量的强联结关系和少量的弱联结关系所组成的联盟组合，其原因在于前者不用承担大量的强联结关系而造成的高额成本。❷由此，一些学者建议使用结构洞桥链接属性的弱关系联结和点对点强关系联结之间的混合效应，来达到联盟组合关系配置的优化与完善。例如，蒂瓦纳（Tiwana）从跨越结构洞的视角提出了联盟组合中的桥联结关系，并以美国 42 个电

❶ ELFRING T, HULSINK W. Networks in entrepreneurship: The case of high-technology firms[J]. Small Business Economics, 2003, 21（4）: 409-422.

❷ WASSMER U, DUSSAUGE P. Network resource stocks and flows: How do alliance portfolios affect the value of new alliance formations?[J]. Strategic Management Journal, 2012, 33（7）: 871-883.

子商务项目联盟的数据为例，发现：桥联结关系跨越了联盟组合中的结构洞，建立了获取多样性知识和资源的渠道，并凭借"经纪人地位"在信息和资源上所享有的先发优势，来激发焦点企业的创新潜力；而强联结关系有助于整合联盟组合中的多样性知识和资源，进而实现创新。❶ 因此，桥联结关系和强联结关系之间的结合，其优势发挥有赖于两者在多主体间知识整合的互补性，这也与社会资本理论中关系维度与知识整合的有关研究相契合。

3. 网络位置权力

联盟组合的结构维度，是指形成联盟组合过程中所产生节点之间的所有交互作用。换句话说，联盟组合的结构维度是指网络位置权力、中心性位置、结构洞、联盟伙伴密度以及联盟伙伴的冗余程度等，而本书采用网络位置权力来衡量联盟组合配置的结构维度。不同的网络位置代表着企业获得新知识和信息的不同机会，这对于新产品开发或者创新想法的产生至关重要。联盟组合中的网络位置权力，揭示了企业获取外部信息和知识的能力。而通过在联盟组合中占据中心位置，其企业很可能就会获取到自身必不可少的稀缺性战略资源。这些资源将为联盟组合的创新活动提供产生新创意所需的外部信息和知识。

从资源依赖视角出发，为了生存和发展的需求，行动主体需要将资源视为其存在的基础，而权力的产生则是源于行动主体之间不平衡依赖关系的出现。初始资源对行动主体参与网络活动至关重要，但可能会由于自身位置的差距，而导致资源分布出现不平衡，而占据优势位置权力的行动主体，会在形成的网络组织的资源获取过程中占据着先天优势。参与者若想获取生产发展所需的资源，必须依赖于相关资源的拥有者。一旦行动主体掌握了独特性的关键资源，控制了网络中资源流向的核心位置，那么，行

---

❶ TIWANA A. Do bridging ties complement strong ties? an empirical examination of alliance ambidexterity [J]. Strategic Management Journal, 2008, 29（3）: 251-272.

动主体相对于网络中的参与者，就形成了相对网络位置权力。拥有网络位置权力的企业，则会在联盟网络中利用两种不同的机制来产生利益。这两种机制为：第一，与联盟网络中位置权力不突出的企业相比，优势位置权力的企业更容易获取关键性和有价值的信息；第二，优势位置权力的企业可以将自身的竞争和战略议程纳入行业或联盟规范，因此，优势位置权力的企业更能从基于从属关系中获取利益机会。

4. 共同愿景

认知维度，越来越被认为是战略联盟研究的一个重要影响因素，然而，现有对联盟组合配置的研究却鲜少将认知维度考虑进去。本书在探究联盟组合的认知维度时，主要从它的共同愿景角度出发。共同愿景是指在描述、演绎、心理模型和世界观上的相似性，以及在网络中不同社会行动者之间所具有的共同背景。现有的学者从组织、跨国集团、网络等角度，对共同愿景的概念做了较多定义。例如，纳努斯（Nanus）将愿景描述为某一过程、团体或者组织在未来某一状态下的心理模型。❶ 汤姆斯和格林伯格（Thoms & Greenberger）等认为愿景是"未来的认知形象"，它是组织成员动机、计划以及目标设定的基础。❷ 蔡和戈沙尔（Tsai & Ghoshal）认为，共同愿景体现了"组织成员的集体目标和愿望"。❸ 米哈伊洛娃和穆斯塔法（Michailova & Mustaffa）将共同愿景视为社会资本的一个维度，代表了组织间关系的心理层面，有助于企业的知识转移。❹ 有了共同愿景的存

❶ NANUS B. Visionary leadership: Creating a compelling sense of direction for your organization [M]. San Francisco: Jossey-Bass, 1992.

❷ THOMS P, GREENBERGER D B, et al. Training business leaders to create positive organizational visions of the future: is it successful? [J]. Academy of Management, 1995, 5 (1): 212-216.

❸ TSAI W, GHOSHAL S. Social capital and value creation: The role of intrafirm networks [J]. The Academy of Management Journal, 1998, 41 (4): 464-476.

❹ MICHAILOVA S, MUSTAFFA Z. Subsidiary knowledge flows in multinational corporations: Research accomplishments, gaps, and opportunities [J]. Journal of World Business, 2012, 47 (3): 383-396.

在，不同网络组织之间的成员可能也会更加信任彼此，因为他们都有共同的期望，即为了集体目标而联系在一起。

另外，已有的研究认为，共同愿景主要解决两个问题：第一，共同愿景是合作各方普遍认同的未来图景，主要想解决"企业想创造什么"；第二，共同愿景是合作各方均期望达到的共同目标和方向，主要想解决"企业想走向何方"。愿景的共享有助于网络成员之间建立共同的目标，提高网络成员对整体网络利益的自觉维护，激发网络成员形成自我学习的态度，进而积极搜索外部信息和资源来反哺网络组织。同时，共同愿景还有助于网络中建立一致的思维模式和利益共同体，促进网络成员达成共识，进而避免网络中的冲突和矛盾，实现外部获取的知识在网络内部有效传播与共享。此外，共同愿景会促进群体性思考，这也为行动主体借助群体性思考来认识面临的同一风险和机会，进而意识到同一战略和能力的潜在价值提供机会。另外，共同愿景还有助于提升交流频率和范围，并促进行动主体之间的资源和信息传播。卡兰通、卡武斯吉尔和赵（Calantone，Cavusgil & Zhao）从组织学习的视角，认为：若组织并没有学习方向的指引，可能会难以构建自身的专长或者排他性优势，而共同愿景可以为组织指明学习的方向；此外，共同愿景还可以克服组织中的协调障碍，提升学习的效率和质量，进而在组织及其子公司之间达成有关创新的共识。❶ 基于此，本书认为，共同愿景从不同层面来影响知识利用、知识传递、知识整合等知识创造行为。共同愿景主要包括：（1）设立共同一致的组织目标或组织期望；（2）将复杂信息和规则凝练成简单易懂的共同语境，保证合作成员之间顺畅交流；（3）为可能的突发事件预留合作成员均能接受的处理方式。

---

❶ CALANTONE R J, CAVUSGIL S T, ZHAO Y. Learning orientation, firm innovation capability, and firm performance [J]. Industrial Marketing Management, 2002, 31（6）: 515-524.

三、知识耦合相关研究综述

关于知识耦合的研究，现有学者多以野中郁次郎（Nonaka）发表在《哈佛商业评论》上的《创造知识的企业》（The knowledge-creating company）一文为基础。❶ 该文认为，知识可以分为显性知识和隐性知识两种，而知识的创造过程又可以区分为以下几个阶段：显性知识到显性知识、显性知识到隐性知识、隐性知识到显性知识、隐性知识到隐性知识。换句话说，知识创造过程（又称 SECI 模型）分为社会化过程、外部化过程、组合型过程以及内部化过程四个阶段。知识耦合的本质是焦点企业与外围成员的互动过程，以及如何将隐性知识转为显性知识的过程，而知识的隐性、黏性以及难以感知性等特征，又强调了它与社会背景的不可分离性，因此，需要深入探究焦点企业与外围成员在知识互动和沟通中的创造过程。为了深入理解知识耦合的概念、内涵，现有学者从不同的维度对知识耦合进行了解读。

从组织知识创造视角来看，知识耦合涉及知识的创造、获取、集成、分配和应用，以提高组织的运作效率和竞争优势。这就是为什么许多组织转向知识管理实践，以分享经验和专门知识，并通过整合知识来产生新的知识。这一理论强调了战略伙伴关系在获取其他企业的知识和资源方面的作用：一方面发展不同类型的知识耦合能力；另一方面充分吸收和利用这些知识。知识耦合是组织通过正式和非正式关系所形成的知识的联结，而这些关系又推动了新知识的形成和共享，并为个体知识向组织知识的转换奠定了基础。阿伯斯和布鲁尔（Albers & Brewer）认为知识耦合包括两个方面：（1）"管理"组织中已经存在的知识；（2）增强创造"新知识"的能

---

❶ NONAKA I. The knowledge-creating company [J]. Harvard Business Review, 2007, 85（718）: 162, 164–171.

力。❶ 这里的知识管理是指同时发生而不是相继发生的两个紧密联系的过程，即知识的转移和整合。而新知识是指通过多个知识元素之间的渗透、连接、整合等方式，最终创造新知识的过程和结果，其中，知识耦合程度揭示了知识元素在相互作用的过程中的融合程度。

科格特和灿德尔（Kogut & Zander）指出，知识元素并不仅仅只停留于个体层面，还应该嵌入组织层面的规则当中，进而防止被竞争对手所模仿。❷ 因此，通过重组现有知识基础，进而创造新知识的过程，视为学习和融合新知识的一种重要途径，因为与外部成员展开新的合作，其新知识的获取并不容易。此外，这些研究将知识耦合视为企业能够对不同形式、不同类型以及不同来源的知识进行融合的能力，并在此基础上，进一步指出了知识耦合的形成机制、演化过程以及实现途径。

崔和李（Choi & Lee）通过知识基础观，认为组织知识融合是指导管理决策最重要的资源。❸ 它包括以下几个核心观点：（1）组织的主要职能是创造、整合以及知识应用；（2）如果企业拥有独特的知识基础和管理不同知识领域的能力，最终会产生持续的竞争优势和绩效差异。知识基础观的核心是价值创造，其核心问题是了解企业如何追求知识源，以及如何整合多样性知识，进而创造组织能力和价值。通过这一理论视角，管理者可以通过开发和耦合一系列基于独特知识的核心能力来提高企业的绩效，这些知识通过多个实体（包括个体组织、网络成员、惯例、文档、系统以及员工）嵌入和传递，进而创造新的异质性知识。

---

❶ ALBERS J A, BREWER S. Knowledge management and the innovation process: The eco-innovation [J]. Journal of Knowledge Management Practice, 2003, 4（6）: 1-6.

❷ KOGUT B, ZANDER U. Knowledge of the firm, combinative capabilities, and the replication of technology [J]. Organization Science, 1992, 3（3）: 383-397.

❸ CHOI B, LEE J N. Complementarities and substitutabilities among knowledge sourcing strategies and their impact on firm performance [J]. Journal of the Association for Information Systems, 2012, 13（7）: 498-545.

也有学者认为，新知识通常来源于对现有知识元素的组合或重组。这个观点反映了熊彼特（Schumpeter）有关创业理念的概念，认为创业家精神是一种独特的智力资本，可以有效识别已经重构或者重组的资源，进而创造出潜在的、新颖的、有价值的产品和系统。[1]知识基础观的拥护者强调，企业（而不是企业家）是创新组合的主要驱动力，因为有价值的发明需要整合广泛的知识领域，并创造新知识，也就是个体企业通常与其他企业所拥有的专门知识体系的耦合过程。

格朗（Grant）研究认为，对不同知识来源、不同知识类型的耦合，而非知识本身，是企业关键优势来源的基础，并提出了知识耦合过程的三个基本特征：知识耦合的效率、知识耦合的范围以及知识耦合的灵活性。[2]其中，知识耦合的效率与企业能够在多大程度上获得和利用个体成员所拥有的专业知识和技能有关，同时也与企业能够利用的个体专业知识的深度有关。知识耦合的范围则是指对专业化知识耦合的范围，其广度和多样性的范围越大，生产的产品复杂性就越高，因此其竞争对手复制该产品的难度就越大。最后，在复杂的竞争环境下，要求持续性地更新竞争优势，因此，知识耦合的效率就要求具有一定程度的灵活性，即知识耦合的灵活性。这个过程是捕获新知识的能力和重新组合现有知识的能力。

狄比亚久、纳西里亚尔和内斯塔（Dibiaggio，Nasiriyar & Nesta）认为知识基础结构是一组或多或少紧密耦合的元素，而耦合程度取决于不同知识基础结构联合使用的强度。[3]同时，他们的研究发现，知识耦合的结构

---

[1] SCHUMPETER J A. Change and the entrepreneur [J]. Cambridge: Harvard University Press, 1949.

[2] GRANT R M. Toward a knowledge-based theory of the firm [J]. Strategic Management Journal, 1996, 17（2）: 109-122.

[3] DIBIAGGIO L, NASIRIYAR M, NESTA L. Substitutability and complementarity of technological knowledge and the inventive performance of semiconductor companies [J]. Research Policy, 2014, 43（9）: 1582-1593.

属性显著影响发明绩效，而知识耦合的结构属性分为替代性知识耦合和互补性知识耦合。其中，替代性知识耦合对有用性知识产生的企业能力呈负向影响，因为对提供相似服务或解决方案的知识元素之间的耦合，会增加新知识中的功能性冗余，进而缩小了问题解决的可能性范围。同时，冗余增加了机会成本，因为将精力集中在冗余资源上，相应的会降低将资源分配给其他活动的能力。而互补性知识耦合通过知识搜索和知识组合过程来选择互补元素，进而提高发明绩效和生产效率。对这种关系的一种解释，可能与降低搜索成本有关，因为在熟悉的环境中，任务分配决策中依赖已建立好的问题解决惯例，有助于互补性知识耦合降低合作和交流成本；另外一种解释认为，企业会在某一领域中聚焦于相似知识的耦合和积累专门知识，并在其他项目中加以利用，从而在研究活动中产生范围经济。

　　总体而言，已有研究将知识耦合视为一种组织能力，或者是一种知识整合、吸收、利用以及创造新知识的过程；并且在不同的文献中，学者们也采用了不同的词汇来加以表述，如知识耦合、知识创造、知识重新组合、知识重新配置等。同时，通过对现有研究的一些总结，我们发现知识耦合大致包括以下几个部分：（1）不同形态、不同类型、不同功能的知识分散于不同的载体中，并存在于组织的内外部；（2）不管以什么方式、通过什么途径或过程，知识耦合的目的均是创造新的知识；（3）不管知识创造视角，还是整合能力视角，知识耦合的最终目的均是建立企业的竞争优势，提高企业能力。因此，在已有研究的基础上，本书将知识耦合定义为：组织与研发伙伴、政府、供应商、顾客、竞争者等外围成员，在彼此互动的基础上，通过不断调整自身知识与成员的知识子系统之间的关系，实现异质性知识"游走"（学习、接触、试错与探索）与整合，进而创造新知识的过程。同时，基于知识耦合的关系属性特征，以及知识耦合在中国情境下的现实背景，本书进一步将知识耦合划分为互补性知识耦合和辅助性知识耦合。汲取外部知识来源作为内部知识元素的补充，以组合多样性知识元素来开发知识与技能，进而探索和获取优质知识并使其新知识元素的价值增加，则被认为是互补性知识耦合；反之，若整合的知识元素之间具有某些相似属性，且与其结合的知识元素之间也存在相似，则被称为辅助性知识耦合。其中，辅助性知识耦合是企业已拥有该类知识，或者具备发展该类知识的能力，主要目的是降低研发成本、提高创新效率，并从中获取短期创新收益，但整合该类知识又会导致企业知识冗余度的增加，影响探索式创新行为的产生，进而不利于企业的长期创新能力的提升。互补性知识耦合是企业自身不具有该类知识，也不具有发展该类知识的能力，而将获取的外部知识经过吸收、整合，进而共同创造出新知识。此类知识整合有助于降低企业知识冗余程度，提升企业探索式创新行为和长期创新能力，但过度依赖外部知识又容易产生风险。

四、联盟管理能力相关研究综述

（一）联盟管理能力内涵

联盟管理能力有别于一般意义上的合作能力，组合视角下联盟管理能力是建立在二元视角下联盟能力基础上的高阶能力。在开放式创新环境下，组合视角下联盟管理能力更能体现联盟组合之间的关系治理能力，以及合作主体构建、驾驭和管理合作过程中的资源配置的能力。由于联盟组合中联盟成员组成的多样性与复杂性，学者们对联盟管理能力的内涵以及构成要素并没有形成统一的认识。目前，学术界对联盟管理能力的研究流派主要分为以下几种：（1）基于网络特征的视角，探讨关系、地位以及结构洞等内涵及其构成要素，认为联盟管理能力是企业为提高在网络中的核心位置以及处理联盟成员间关系的能力。❶（2）基于资源基础观，将联盟管理能力视为管理联盟资源的能力，主要体现在联盟合作过程中的资源共享效应、资源利用效应以及整合效应的实现，进而协助联盟成员更加有效地探索资源运用的边界。❷（3）基于组织学习观，将联盟管理能力认为是联盟内部学习的管理过程，通过协调焦点企业和联盟成员的知识转移、互动的过程，促进联盟整体的知识分享和学习的意愿。❸（4）基于动态能力的理论角度，将联盟组合视为获取企业边界之外所需资源的一种可能选择，而管理联盟组合是一个关键的战略领域，它允许组织改变其资源基础。从动态能力视角出发，这些学者认为联盟管理能力是一种独特的动态能力。例如，舍尔奇和格岑（Schilke & Goerzen）将联盟管理能力视为一种动态能力，其能力是有目的地创建、扩展或者修改联盟组合的资源基础，同时还包括扩充联盟伙伴的资源。❹有效管理联盟组合能力需要满足：（1）选择没有冲突关系的已有联盟伙伴；（2）选择的新联盟成员需要在战略上具有兼容性；（3）联盟管理机制在组合层面上行之有效；（4）联盟组合内伙伴所采取的行动需要与联盟组合中知识流动相一致，进而使联盟成员间协同效应最大化。

综合以上观点，本书借鉴已有学者的观点，从动态能力的视角，将联盟管理能力定义为：使企业能够整合、建立和重新配置联盟组合内部及外部能力以应对快速变化的环境，进而在路径依赖和市场地位中，利用、维

❶ LEISCHNIG A, GEIGENMUELLER A, LOHMANN S. On the role of alliance management capability, organizational compatibility, and interaction quality in interorganizational technology transfer [J]. Journal of Business Research, 2014, 67（6）：1049–1057.

❷ SWAMINATHAN V, MOORMAN C. Marketing alliances, firm networks, and firm value creation [J]. Journal of Marketing, 2009, 73（5）：52–69.

❸ 叶江峰, 任浩, 郝斌. 企业间知识异质性、联盟管理能力与创新绩效关系研究 [J]. 预测, 2015, 34（6）：14–20.

❹ SCHILKE O, GOERZEN A. Alliance management capability：An investigation of the construct and its measurement [J]. Journal of Management, 2010, 36（5）：1192–1219.

持与协调组合内各联盟关系以创造竞争优势的能力。同时，组合视角下的
联盟管理能力需要注意：一方面，不仅需要管理多个联盟间的关系，还需
要有效协调组合内部不同联盟成员间的关系，互补他们之间的信息、资源
和能力。另一方面，联盟组合的管理是一个复杂和动态的过程。因此，对
联盟组合的管理需要在关注外部环境的基础上，感知整个联盟组合的形成
和演化，准确掌握出现的产业发展动向和机会，构建联盟组合战略和规
划的灵活性，进而完善新的联盟惯例、程序和规范，以实现联盟组合的合
法性。

（二）联盟管理能力构成要素

学术界对管理联盟组合中信息、资源和能力等已经做了广泛的描述，
但它们的学术术语仍旧比较模糊和混淆。最近，越来越多的文献致力于找
出组合中的内部因素来解释管理联盟组合之间的能力差异，这引起了学界
对联盟组合、知识和联盟管理能力之间相互作用的兴趣。现有学术界普遍
认为，跨组织边界行为所固有的复杂性和不确定性，会导致联盟组合的
管理成为一项艰巨的组织活动。而这些问题主要反映在以下三个方面：首
先，由于权限结构的划分以及联盟伙伴之间的认知和文化等距离，许多联
盟组合会由于节点不适当和边界跨越机制不确定以及角色、程序、责任和
控制逻辑等的不明确，而遭受联盟组合间协调失败。而联盟组合间协调的
失败，可能不利于联盟组合采取必要的一致行动来利用联盟伙伴间专门且
相互依赖的活动。企业需要在惯例程序、规则和政策等方面具有适应性的
机制，以指导联盟伙伴之间的合作战略，并为他们之间持续的互动机制构
建适当的框架。因此，联盟组合中拥有相关的协调经验和技能是联盟管理
能力的核心。其次，联盟组合中缺乏信息共享和交流机制，也会夸大联盟
中所固有的信息不对称的对立效应。同时，信息共享机制的缺乏，可能还
会阻碍以下联盟活动：联盟伙伴从彼此的特质中获取知识；对义务和约定

规则的共同理解；开发如何有效合作的共同心智模型；缓解潜在的对立群体动态；预防或管理冲突。此外，不适当的交流增加了特定联盟评估的难度。最后，联盟成员间关系的紧密程度也会影响联盟管理的效果。正如学者们所言，建立紧密的个体关系和纽带，是建立经济交流中互信和互惠准则的前提。❶ 这种纽带在心智上建立了对联盟成员间关系的依赖，并为维持持续性合作关系的期望、发展联盟成员之间的信任和互惠关系以及促进联盟成员之间的知识创造等联盟活动提供了专门渠道。此外，较强的联盟伙伴关系还有助于冲突的解决，特别是面对不断变化的环境，伙伴关系确保了联盟组合对长期合作交流的适应性和可持续性。

因此，在联盟组合的发展和壮大过程中，研究联盟管理能力的构成要素（如协调、沟通和联结等）非常重要，因为如果没有对这些要素进行有效管理，知识也将无法顺利获取和转移。联盟管理能力是基于协调、沟通和联结基础上的一种独特的动态能力。在现有的文献中，学者已经对联盟管理能力的构成维度进行了多种划分。例如，考皮拉（Kauppila）以芬兰172家制造企业为例，探讨了企业如何实现联盟管理能力的潜在价值，并进一步将联盟管理能力区分为联盟协调、联盟扫描以及联盟学习三个维度。❷ 卡莱、辛格和佩尔穆特（Kale，Singh & Perlmutter）基于美国联盟企业的调查数据，考察了联盟管理能力（识别、编码、共享、内化）与联盟成功的关系。❸ 莱施尼格、盖根穆勒和洛曼（Leischnig，Geigenmueller & Lohmann）构建了联盟管理能力、跨组织间互动质量与技术转让成功之间

❶ YLI-RENKO H，AUTIO E，SAPIENZA H J. Social capital，knowledge acquisition，and knowledge exploitation in young technology-based firms［J］. Strategic Management Journal，2001，22（6-7）：587-613.

❷ KAUPPILA O P. Alliance management capability and firm performance：Using resource-based theory to look inside the process black box［J］. Long Range Planning，2015，48（3）：151-167.

❸ KALE P，SINGH H，PERLMUTTER H. Learning and protection of proprietary assets in strategic alliances：Building relational capital［J］. Strategic Management Journal，2000，21（3）：217-237.

的因果链，从而揭示了跨组织间互动质量的前置因素和后置因素之间的联系。其中，联盟管理能力区分为联盟前瞻性、联盟转化、跨组织间协调、跨组织间学习四个维度。❶同时，通过构建技术转移成功关键因素的研究框架，他们试图回答以下三个问题：（1）企业联盟管理能力的各种管理惯例和过程如何影响技术转让中的互动质量？（2）跨组织间交互质量如何影响技术转让的成功？（3）哪些组织和交互质量的配置有助于技术转让的成功？

综上，本书在已有学者的研究基础上，将联盟管理能力划分为关系治理能力和合作前瞻能力两个维度。其中，关系治理能力指组织参与行为惯例的程度，即通过完善非正式的自我强制保护措施，实现联盟的柔性管理能力的构建，提升联盟关系的依赖性和降低联盟成员的机会主义倾向。合作前瞻能力指先于竞争对手发现联盟机会并采取行动的能力，即为联盟组合提供潜在的机会，辨别新兴技术发展的趋势和方向，推动信息和知识在联盟组合内部的传播与扩散，并摆脱已有束缚创新理念的规则和程序。

五、研究述评

近年来，学术界对"联盟组合"这种现象的研究大量涌现，探讨当企业嵌入多个战略联盟的时候，其如何协调多个联盟成员之间的关系，并从整体层面达到多联盟管理以及战略协同的局面，以实现异质性资源和知识在联盟组合内的充分共享以及价值共创过程。尽管已有不少学者认识到，联盟组合配置对焦点企业的战略决策起到了至关重要的作用：（1）决定了焦点企业从联盟组合中所获取信息、知识以及资源的数量、质量、多元性；

---

❶ LEISCHNIG A, GEIGENMUELLER A, LOHMANN S. On the role of alliance management capability, organizational compatibility, and interaction quality in interorganizational technology transfer [J]. Journal of Business Research, 2014, 67（6）: 1049–1057.

（2）决定了焦点企业从联盟组合中获取资源的有效性和及时性；（3）决定了焦点企业在联盟组合中网络位势的稳定性及弹性。但是，就目前的研究现状来看，现有学者对联盟组合配置与企业创新能力之间的关系，仍存在以下不足。

第一，作为战略管理领域的新兴研究主题，现有学者对联盟组合配置的研究仍存在许多不足。首先，自提出了联盟组合配置的概念以来，尽管研究层面对联盟组合配置的概念做了一些讨论，但其大部分研究工作仍旧混淆了战略联盟、多边联盟、联盟网络等在配置上的概念与应用。其次，已有的研究中，联盟组合配置概念的发展，包括其在企业战略、企业使命、战略资源以及目标使命等方面的应用。而这些配置视角主要是基于静态特征考虑联盟一致性的问题，代表企业的联盟（网络或系统）、控制范围、规范化和分散化类型以及规划系统。然而，随着企业越来越多地在分散的联盟组合中运作，将企业视为中心的联盟组合配置对于未来的发展潜力变得越来越重要。最后，联盟组合配置的研究尚处于起步阶段，部分学者对联盟组合配置维度的划分，仍是根据以往社会网络视角中对网络配置维度的划分方式，将联盟组合配置划分为伙伴维度、关系维度或者结构维度。然而，社会网络理论主要用于一般情境下企业的网络关系，缺乏从参与主体的视角对联盟组合在独特情境下的认知特性的理论解释。

第二，联盟组合配置对企业创新能力影响机制的"黑箱"有待进一步挖掘。联盟组合配置与企业创新能力的研究，并非简单验证双方存在的直接相关关系，而是通过存在的中介传导机制来进一步探究"焦点企业的联盟组合配置如何发挥作用"这一研究命题，进而更为深入地探讨联盟组合配置影响企业创新能力的内在作用机理。从知识基础观视角出发，现有学者探讨了知识获取、知识共享、知识吸收等作为联盟组合与创新之间的中介变量。但是，联盟组合是多个联盟的集合，其知识的来源表现出分散性、复杂性或者难以理解性，也就很难将其转化为创新能力。因此，只有将这些知识进行组合后并产生新的知识，才能成为企业核心竞争力的基础。知识耦合的本质是价值创造，其核心问题是了解企业如何追求知识源，以及如何整合多样性知识，进而创造组织能力和价值。通过这一理论视角，管理者可以通过开发和耦合一系列基于独特知识的核心能力来提高企业机会识别能力和创新绩效，这些知识通过多个合作伙伴的嵌入和传递，进而创造新的异质性知识。这些研究都强调了知识耦合在联盟组合与创新能力之间所扮演的重要作用。因此，本书引入了知识耦合作为中介变量，探寻联盟组合配置通过知识耦合的路径，来影响企业创新能力的内在机理。此外，关于联盟组合与知识耦合的研究仍较少，尤其是大样本的实证分析。同时，现有研究还缺乏对知识耦合的清晰定义和维度划分，以及缺乏统一的知识耦合量表对其进行测量。

第三，现有研究在考察联盟组合配置与知识耦合之间的作用机制时，对存在的权变因素仍没有达成共识。考虑到联盟组合配置的潜力，以及将这种潜力转化为可实现的合作利益之间的区别，企业需要在多个方面开展业务，并参与一系列相互关联的知识活动，以最大限度地发挥其联盟组合的价值。一些学者认为，有效管理企业间联盟组合的潜在能力是企业竞争优势的源泉，早期的工作广泛地将其称为联盟管理能力。有效的联盟管理能力，不仅对于最大化联盟组合的潜在价值至关重要，而且对于缩小潜在价值与已实现价值之间的差距也至关重要。因此，本书引入联盟管理能力作为调节变量，探究联盟组合配置与知识耦合之间的边界作用。

第四节 研究内容

本书围绕联盟组合配置如何提升企业创新能力这一论题，并依据技术路线的逻辑安排，将全书划分为六章，具体安排如下。

第一章：绪论。本章主要介绍现实背景、理论背景，同时根据提出的研究问题和研究目的，来选择适当的技术路线和研究方法，并介绍各章主要内容，提出本书的创新之处。

第二章：联盟组合中企业创新能力影响因素研究。在对现有研究成果进行梳理和分析以及实地调研的基础上，本书选取了制造领域、生物领域以及电子信息领域三家典型的案例企业，来进行探索性案例研究。通过提出研究问题、选择案例、实地调研来收集数据等步骤，推导出联盟组合配置、知识耦合和企业创新能力之间的关系，并提出它们之间存在的初始假设命题。

第三章：联盟组合中企业创新能力作用机制研究。在第二章所提出的初始假设命题基础上，本书进一步梳理和分析了现有的研究文献，构建了联盟组合配置如何作用于企业创新能力的初始概念模型，并提出了本书所涉及的变量之间等一系列细分的研究假设。

第四章：联盟组合中企业创新能力因子分析。科学、规范以及详细地展示本书的研究设计过程，进而为验证所提出的研究假设提供数据支撑。

第五章：联盟组合中企业创新能力机理研究。本章涉及对上述所提出的研究问题的验证：首先，利用结构方程模型以及自展法（Bootstrap）中介检验方法，检验知识耦合（辅助性知识耦合和互补性知识耦合）在联盟组合配置与企业创新能力之间的中介传导机制；其次，利用多元回归分析，检验不同的联盟管理能力（合作前瞻能力和关系治理能力）在联盟组合配置与知识耦合中的情境作用机制；最后，针对上述的实证分析和实证结果，开展深度的分析和探讨。

第六章：联盟组合中企业创新能力提升策略研究。本章较系统地分析与验证了联盟组合配置通过影响知识耦合进而影响企业创新能力的作用机制。在此基础上，归纳出本书的理论贡献和管理启示，以及本书研究局限之处，并提出进一步研究的方向。

第五节 本书的创新

本书从相关理论视角出发，围绕"联盟组合配置如何影响企业创新能力"这一基本问题，系统分析了联盟组合配置不同维度对知识耦合的作用机理以及它对企业创新能力的影响，同时在联盟组合配置对知识耦合的影响基础上，建立了联盟管理能力对两者之间的调节效应模型。在现有理论成果、相关分析方法的支撑下，以及严密的理论分析与逻辑推导基础上，本书通过采用探索性案例分析、结构方程模型、多元回归分析方法等，验证了联盟组合配置对企业创新能力的作用机制研究。具体而言，本书主要有以下三点贡献。

一、进一步明确了联盟组合配置的内涵和维度

已有关于联盟组合配置对企业创新能力影响的研究大多从"治理"和"构成"视角考察两者之间的关系，其中治理主要包括关系存在的互动性、合作频率的多发性以及合作强度的持久性等，构成主要包括伙伴属性的差异性、网络中的关键位势、结构位势、伙伴依赖程度等。然而，这些研究却忽略了联盟组合中联盟成员自身的认知和意愿等主观因素。实际上，联盟组合配置对企业创新能力的影响也受到联盟成员的认知和意愿的影响，因此，有必要从伙伴维度、关系维度、结构维度和认知维度等方面综合分析联盟组合配置对企业创新能力的影响。

为弥补现有研究对联盟组合配置研究的理论缺口，本书采用案例研究

和理论分析的方法，总结和提炼了联盟组合的概念和特性。本书认为联盟组合配置是焦点企业通过联盟组合获取信息和资源的质量、数量和多样性，获取网络资源的有效性，以及焦点企业在跨组织领域中地位的灵活性或稳定性，并从伙伴维度、关系维度、结构维度、认知维度四个方面，将联盟组合配置划分为联盟伙伴多样性、关系联结强度、网络位置权力和共同愿景四个维度。在此基础上，结合联盟伙伴多样性、关系联结强度、网络位置权力和共同愿景的已有研究，形成并完善了联盟组合配置的测度方式，从而有助于弥补社会网络理论对联盟组合配置的解释空白，也为联盟组合配置与企业创新能力的研究提供了新的分析架构。

二、解析了联盟组合配置如何作用于企业创新能力的本质过程，推动了知识耦合研究向纵深方向发展，为联盟组合管理和企业创新活动研究提供了新的视角

现有研究强调了"嵌入"机制在企业创新能力中的重要作用，但是学者们在对联盟组合与企业创新能力关系的研究过程中，出现了"网络锁定效应""结构洞悖论""跨界搜索陷阱"等理论争议。同时，创新过程中还存在知识和资源外部性、分散性以及复杂性等特点，这意味着企业在创新网络中同样受到知识耦合的"能力刚性"问题的影响，尤其是在开放式创新时代，企业之间的知识分享、知识吸收、知识创造等耦合机制对协同创新的作用更为显著。因此，本书引入知识耦合机制来解释配置联盟组合战略对企业创新能力的重要作用，不仅有助于深入解析联盟组合配置影响企业创新能力的作用机制，还系统地把联盟组合配置、知识耦合与企业创新能力理论有机地联系起来。此外，本书将知识耦合的本地知识和非本地知识、相似知识和异质性知识等性质纳入同一分析框架，并按其性质将知识耦合提炼为辅助性知识耦合和互补性知识耦合两个重要维度。在探究"焦

点企业的联盟组合配置如何发挥作用"这一研究命题基础上，打开并挖掘联盟组合配置对企业创新能力影响机制的"黑箱"，在引入知识耦合（辅助性知识耦合和互补性知识耦合）作为不同维度的联盟组合配置来影响企业创新能力的中介变量时，建立了"联盟组合配置－知识耦合－企业创新能力"的理论框架。

三、阐释了联盟管理能力对联盟组合配置与知识耦合关系的调节作用机制

学术界对管理联盟组合中资源、能力和竞争等已经做了广泛的描述，但它们的学术术语仍旧比较模糊和混淆。最近，越来越多的文献致力于找出组合中内部因素来解释管理联盟组合之间的能力差异，这引起了学者对联盟组合、知识和联盟管理能力之间相互作用的兴趣。当前学术界普遍认为，跨组织边界行为所固有的复杂性和不确定性，会导致联盟组合中知识分享、知识创造等行为成为一项艰巨的组织活动。例如，选择的联盟伙伴可能不是最优的；系统性的关系缺陷，如缺乏信任和承诺以及知识共享的协调惯例不完善等，都有可能成为其联盟伙伴中资源和能力进行最优组合的障碍；并使企业可能无法充分利用联盟组合中个体联盟的知识等。

为弥补现有研究中存在的理论缺口，本书认为，联盟组合配置对知识耦合的作用效果会受到联盟管理能力的影响而呈现出差异性的改变。因此，本书将联盟管理能力作为调节变量，考察联盟组合配置对知识耦合关系的影响。研究显示，不同的联盟管理能力影响了联盟组合中的知识耦合机制，这一研究结论延伸了现有联盟组合和知识耦合研究的纵深度，并为焦点企业在不同的联盟管理能力下配置恰当的联盟组合战略和知识耦合方式提供了新的管理思维和实践指导。

第二章 联盟组合中企业创新能力影响因素研究

在战略管理研究领域，对联盟组合的研究和探讨尚未重点关注联盟组合配置各个维度（联盟伙伴多样性、关系联结强度、网络位置权力、共同愿景）、知识耦合（辅助性知识耦合和互补性知识耦合）和企业创新能力三者间的关系，相关理论还停留在概念内涵的描述和理论关系初步构建的阶段。

因此，本章拟采用探索性案例研究的方式，进一步深入探讨联盟组合配置、知识耦合对企业创新能力的影响作用和内在机制。由于变量之间的因果关系仍不明确，因而需要借用探索性案例研究，明晰本书自变量、中介变量与因变量之间的因果关系，以及通过对变量假设命题的提出，为本书的进一步实证检验奠定研究基础。

第一节 研究设计

在企业创新能力的提升过程中，联盟组合配置可能面临复杂性、动态性、不确定性以及辩证性等问题，因此，采用案例研究的方法，有助于深入探究联盟组合配置的内在拓展机理以及对知识耦合、企业创新能力的影响机制。设计案例研究有助于改变联盟组合配置的形式，从伙伴维度、关系维度、结构维度和认知维度单个或者不同类型的组合角度出发，帮助本书形成近似准实验逻辑的概念框架。具体而言，本书采用案例研究的方式主要有以下三种理由：第一，本书主要探讨联盟组合配置作用于知识耦合及其对企业创新能力的影响机制与过程，属于典型的"how（怎么样）"和"why（为什么）"类型的研究问题，因此，案例研究在此比较适合。第二，由于本书涉及联盟组合配置、知识耦合与企业创新能力等多个构念，每个构念本身又存在多个细分维度，因而采用案例研究可以详实地剖析不同构念维度及其彼此之间的关系，进而提升本书变量之间的因果关系以及内部效度。第三，联盟组合的相关研究已经成为战略管理领域研究的热点，但其对创新能力的影响机制与效果很少有成熟的理论指导，同时现有理论也无法清晰判断联盟组合配置与企业创新能力之间的内在作用机制。因此，运用案例研究的方法，有助于形成新的理论洞见。

一、案例选择

案例研究又分为单案例研究和多案例研究。单案例研究具有深入、细致的优点，但在研究过程中无法总结出具有普适性的一般规律。多案例研究更易形成完整的结论，其案例的重复性也可支持研究的理论得出更具有说服力的结论，进而提升研究的效度。基于此，本书选择多案例的研究方法。另外，桑德斯（Sanders）建议，多案例研究的案例数量以 3 ~ 6 个为最优。❶ 遵循这一原则，本书选择了三个案例，探究联盟组合配置、知识耦合与企业创新能力之间的影响作用和内在机制。这三个案例涉及的企业分别是电机、控制设备等制造领域的东方电气集团，生物基纤维素生产等新兴生物领域的丝丽雅集团，消费电子、信息技术、通信等电子信息领域

---

❶　SANDERS P. Phenomenology：A new way of viewing organizational research［J］. The Academy of Management Review, 1982, 7（3）：353–360.

的长虹集团。这些企业所在行业的差异较大，因此，通过这三个案例所得出的研究结论具有普适性。

之所以选择东方电气集团、丝丽雅集团、长虹集团作为研究对象，主要有以下几点考虑：（1）本书主要探讨联盟组合配置与企业创新能力之间的关系，因此所选案例企业必须是在联盟合作网络和研发投入中有比较突出的实践基础。本书所选择的案例企业，皆是在调研过程中，课题组所接触到的具有代表性的企业，这些企业是各自行业中较好地运用联盟组合的优秀企业，即三个企业均构建了以自身为中心，且同时与多个合作伙伴保持直接的战略联盟的关系。（2）本书所选择的企业具有一定的行业分散度，包括设备制造、新兴生物、电子信息等行业，以确保本书案例具有典型性、代表性以及信息丰裕度。（3）本书所选择的企业还考虑成本和信息的可获取性，确保案例研究所获取的信息资料充分、可靠。（4）本书所选择的企业均来源于四川省内，在一定程度上可以降低制度、市场等外部环境的影响。

二、数据收集

案例研究的一个重要优势是可以通过多种资料来源、多种数据收集方法来丰富整个事件的画面，以及提高研究结论的严谨性。同时，采用现场访谈、内部的文献资料以及公开的文献资料三种形式，来获取案例研究所需的数据信息和资料。通过证据来源的多样性与访谈个体的差异性来收集案例数据，有助于研究数据形成"三角验证"，进而有效避免共同方法偏差对案例研究所造成的影响，以及提升案例研究结论的可信度和效度。

（1）现场深度访谈。作为直接获取一手资料和信息的重要来源，研究者十分重视现场访谈的前期准备工作。在现场访谈过程中，选取了企业中的高层管理人员、技术研发部门的负责人，访谈时间一般为 1 ~ 3 小时。

其中，为保证被访人员对企业情况有足够了解，本书要求：高层管理人员要在所访谈的企业任职时间超过三年，中层管理人员任职时间超过两年。

（2）内部的文献资料。通过阅读企业内部刊物、产品简介、会议记录、总结报告、合作协议等信息，了解企业在联盟合作过程中战略配置情况、合作伙伴间的知识流动情况以及技术创新领域中的研发情况等。

（3）公开的文献资料。本书通过知网、企业年报、领导人著作、媒体访问、行业统计报告、报纸文章、搜索引擎等资源，获取公开可得的资料和信息，以了解相关产业的背景、案例企业与联盟伙伴之间的互动状态以及相关企业的发展历程和策略。

第二节　案例企业简介

一、东方电气集团

东方电气集团最早可追溯到 1958 年成立的德阳水力发电设备厂，1992 年经过股份制改制后，在国家工商总局正式登记为"中国东方电气集团公司"，简称东方电气集团。

随着"五业协同，六电并举"产业格局的不断丰富和完善，东方电气集团在坚持传统水电、火电、核电、燃气轮机等发电设备制造的同时，还积极响应国家发展战略提出的新要求，积极开拓和提升风电、氢能燃料电池、太阳能等以新能源为关键核心技术的设备研制能力。此外，东方电气集团还大力拓展海外市场，积极投身"一带一路"建设，为全球 80 多个国家和地区提供成套设备和工程承包业务，持续提升企业发展新动能。

经过 60 多年的蓬勃发展，东方电气集团已经成为中国最大的发电设备制造和电站工程承包特大型企业之一。

二、丝丽雅集团

宜宾丝丽雅集团有限公司（以下简称丝丽雅集团）的前身，最早可追溯到 1984 年在四川省宜宾市成立的化学化纤厂。

从 1997 年至今，属于丝丽雅集团的快速腾飞阶段。1997 年，丝丽雅集团总资产只有 2 亿多元，公司负债率高达 96%。❶ 也正是这一年，公司新的领导班子提出了"学吉化，重科学，严管理，增效益"的思想，从体制创新、管理创新入手，进行了一系列"大刀阔斧"的改革。2003 年是丝丽雅集团的第二个转折点。在这一年，丝丽雅集团自主研发的一锭多丝技术，打破了世界上一个纱锭纺一根纱的规律，成为影响整个产业格局的突破性工艺创新技术。该技术的发明与应用，使其产量与传统工艺技术相比提升了两倍，丝丽雅集团的产能也迅速跃升为全球同行业第一名。同时，通过新创建的丽雅公司，有效地将捻线产业项目与兴文、屏山等县域优势产业结合，在推动县域经济发展的同时，实现了多元化产业集群。

三、长虹集团

长虹集团最早可追溯至 1958 年在四川省德阳筹建的国营长虹机器厂，其主要生产的是军工产品，例如，国内唯一的机载火控雷达。经过 60 多年的发展历程，长虹集团已经从单一的军工生产基地，逐渐转变为军民融合的跨国性集团。

从 2005 年至今，是长虹集团"多元发展、生态构建"的阶段。随着

---

❶ 丝丽雅. 丝丽雅集团：从 1 亿到 300 亿的奋斗史［EB/OL］.［2022-07-07］. https：//www. cn-grace.com/news_view.aspx?ContentID=4392&t=43.

战略"三坐标"的提出，长虹集团开始走产业多元化发展的道路，并通过产业价值链方向、产业形态方向、商业模式方向三个维度来进行多元化发展的资源配置。军工产业方面，长虹集团的主要业务分布在军工电源、雷达系统、陶瓷材料等；消费电子方面，长虹集团的主要业务分布在彩电、冰箱、空调、手机等；核心器件方面，长虹集团的主要业务分布在冰箱压缩机、芯片设计、显示屏等；信息服务方面，长虹集团的主要业务分布在信息系统服务、IT 分销等。多元化发展战略的实施，使得长虹集团的产业规模从百亿级向千亿级迈进。

第三节　案例数据分析

本节对选择的三家案例企业进行初步分析，并用定性数据分别描述和分析每个案例企业所构建的联盟组合配置、知识耦合以及企业创新能力之间的内在关系，从中得出案例企业内结构化、编码化的数据信息。

一、联盟组合配置

联盟组合配置是联盟组合中创新参与者相互连接的伙伴、关系、结构以及认知特征，代表了联盟组合中成员关系的紧密性、创新资源的可获得性以及创新意愿的可持续等。本书遵循关系、结构或位置、认知的网络分析范式，从联盟伙伴多样性、关系联结强度、网络位置权力以及共同愿景四个方面衡量各案例企业的联盟组合配置。

（一）东方电气集团的联盟组合配置

东方电气集团与创新网络内外的合作伙伴构建了较为发达的联盟组合，其提出的"共创价值、共享成功"的理念，也非常符合本书所探究的联盟组合配置，联盟成员类型包括高校、政府、研究机构、供应商、用户等，同时所覆盖的范围也涵盖多个产业领域等。

从联盟伙伴多样性的角度来看，东方电气集团为保证发电设备产品能与技术领先的国际型企业竞争，不仅与中国电力建设集团、中国长江三峡集团、中国机械工业集团等国内知名企业建立战略合作关系，还与清华大学、中国科学院、上海交通大学、西安交通大学等国内重点大学签署了战略合作协议，并合作成立了多个研发中心。同时，在国家和各地方的支持下，建立了多个国家级、省部级重点实验室，例如，"长寿命高温材料国家重点实验室""清洁燃烧和烟气净化四川省重点实验室"等。另外，与三菱日立电力系统公司在燃机制造技术领域建立了长期的技术合作关系，并签订了 M701F5 燃机技术转让协议，标志着东方电气集团在中国重型燃气轮机应用方面迈出了新步伐。目前，东方电气集团为国内外组织机构提供了多个量身打造的产品和服务，涉及国际主流的发电机、汽轮机等企业，如美国默克公司、加拿大莱克里奇公司、捷克威克有限公司、德国施莱希工程设计咨询有限公司、荷兰皇家壳牌集团等。

从关系联结强度的角度来看，东方电气集团与政府部门、电力行业协会、金融组织等机构也保持着紧密的合作关系，这些为其获取政策支持、技术、市场以及资金等信息提供了较大便利。同时，东方电气集团建立了集中采购管理平台。在选择合格的供应商时，东方电气集团前期还对其生产能力、技术水平、设备等情况进行了严格的筛选与审核，确保电力设备等零部件均有稳定的优质供应商参与竞标。

在合作过程中，东方电气集团会经常检查供应商的产品和技术信息，并且还邀请关键供应商作为外部技术来源，参与技术的研发与生产过程。因此，与其他同行业比较，东方电气集团所构建的联盟组合中，异质性知识的流动与分享发生的频率更加丰富；联盟成员间联系的频率更加频繁，且彼此之间的联系更加紧密和稳固。

从网络位置权力的角度来看，网络位置权力是指网络中治理主体通过位置和资源优势，来控制或者影响被制约节点的程度，一般是从网络中的声望、资源控制力、依赖程度等角度来加以衡量。东方电气集团是中国电力设备管理协会、四川省工业互联网产业联盟等行业协会的主要发起单位之一。作为该行业的技术标准的制定者和推动者之一，东方电气集团在行业内和行业外都具有很高的声望，电力设备、装备制造等领域的技术或者业务联系都会涉及东方电气集团的相关资源。

此外，作为中国重大技术装备研制和产业化基地之一，东方电气集团被中央政府认定为涉及国家安全和国民经济命脉的国有重点骨干企业之一。例如，在水电领域，研制成功全球首台百万千瓦级水轮机组转轮；在风电领域，研发的海上大功率机组，被授予 10 兆瓦海上风电机组 IEC 设计认证，并成为国内首家、全球第二家取得该证书的整机制造商；在火电领域，研制成功了国内首台 F 级 50 兆瓦重型燃气轮机。因此，东方电气集团在发电设备制造、电力工程服务等产业联盟中，均占据了核心位置。在 2015 年，全球工程建设领域最权威的学术杂志 ENR 所发布的"全球最大 250 家国际承包商"的报告中，东方电气集团排名第 72 位。东方电气集团长期专注于为全球客户提供发电设备制造和电力工程服务，其多项核心技术与产品处于国际领先地位，具有较高的市场号召力和国际影响力。例如，"非洲三峡"——埃塞俄比亚吉布 3 水电站、"南美三峡"——巴西杰瑞水电站。综上所述，东方电气集团在其联盟组合中的网络位置权力很高。

从共同愿景的角度来看，东方电气集团与多个联盟合作伙伴之间都建立了良好的长期战略伙伴关系，并在创新过程中建立了良好的信任关系。

在"共创价值、共享成功"理念的指导下，东方电气集团与合作伙伴凝聚了"实现能源装备制造中国梦"的愿景。

因此，在共同愿景的影响下，各方在技术研发过程中始终保持密切的信息沟通和交流，并共同解决出现的技术难题。例如，东方电气集团与神华集团、清华大学等保持着长期的紧密联系，各方在多年的合作创新关系中，研制的"600MW 超临界循环流化床锅炉技术开发、研制与工程示范"项目，解决了国内劣质燃料的高效清洁利用这一问题，其研发的产品全球市场占有率超过了 95%，同时其研究成果获得国家科学技术进步奖一等奖，具体情况如图 2-1 所示。

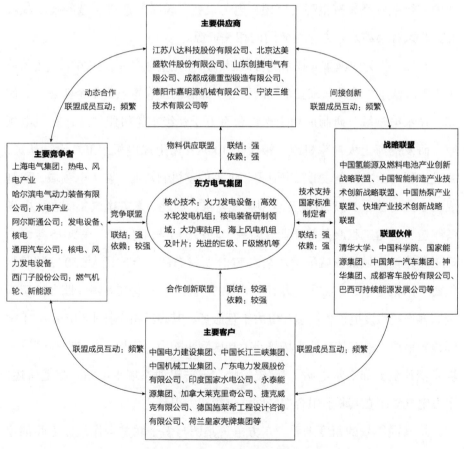

图 2-1　东方电气集团的联盟组合网络

（二）丝丽雅集团的联盟组合配置

从联盟伙伴多样性的角度来看，产学研合作的模式，在丝丽雅集团的创新体系中占据着十分重要的位置。自成立以来，丝丽雅集团十分重视与科研机构之间的研发合作，希望借助企业和研发机构共同的优势，打造企业应用优势和高校科研优势并存的协同创新平台，实现机构之间跨领域、全方位的创新合作联盟。1995 年以来，丝丽雅集团先后与四川大学、电子科技大学、四川纺织研究所、香港理工大学等科研机构展开战略合作，并通过科技成果转让、共建研究开发机构、合作培养技术人才等不同形式的产学研合作模型，来提升企业的核心技术和创新能力。另外，针对市场对新产品、新技术需求的增加，丝丽雅集团还与高校、科研机构以技术提成 / 许可 / 转让 / 入股、效益提成等模式，成立不同类型的技术转移机构。以此整合不同组织的资源优势，构建稳定、健康的技术转移通道，实现研究机构与企业有机结合的双赢模式。同时，在国家和地区政府的支持下，丝丽雅集团不仅建立了国家级博士后科研工作站，还成立了国家认定企业技术中心，以及四川省重点实验室。另外，丝丽雅集团还进一步拓展了国际合作，包括德国安卡技术公司、奥地利兰精集团、意大利斯纳寇公司等。2018 年，丝丽雅集团与巴基斯坦克罗地公司建立了战略联盟关系，并在纤维短纤上展开市场和技术的深度合作。

从关系联结强度的角度来看，虽然丝丽雅集团十分重视高校、科研机构之间的研发合作，并且为之做出了许多的努力，但是在调研过程中，我们发现，在早期，丝丽雅集团与高校、科研机构之间的联系较少。主要有以下两方面原因：第一，四川省教育资源的有限性和科研力量的薄弱，使区域内与丝丽雅集团开展合作的高校、科研机构较为稀缺。目前，四川省教育系统中，仅有两所大学具有相应的纺织教学机构或研究机构：一所是四川省某综合性院校设立的纺织学院和研究所；另一所是四川省的一所纺织高等专科学校。但由于长期以来高校和企业之间缺乏联系，课堂所传授的知识与生产实践之间产生了脱节，难以满足丝丽雅集团研发的实际需要。同时，两所高校的化纤专业实力仍相对落后，其科研实力、技术研发能力等也无法满足丝丽雅集团的需求。第二，区域内高水平纺织类研究机构的不足，使丝丽雅集团需要跨区域寻求优质的研究机构建立联盟关系。例如，丝丽雅集团与香港理工大学建立了战略联盟关系。但是，由于区域距离的限制，双方交流的时间和频率受到限制。同时，香港理工大学对教师外出时间的限制，其研究人员无法长时间在丝丽雅集团展开合作创新工作，进而导致双方之间难以建立密切的联系，也造成双方间无实质性的研究成果出现。

直到 2007 年之后，丝丽雅集团开始实施多元化发展道路，以生物质纤维材料为产业根基，布局循环经济产业和新兴生物产业，才开始加大与科研机构之间的联系。例如，2007—2019 年，丝丽雅集团与四川省科学技术信息研究所、四川大学、电子科技大学等抱团，共同申请了科技部的"四川省创新方法推广与运用研究"项目。针对新产品研发等方面的实际问题，丝丽雅集团与电子科技大学结成了"一对一"的帮扶关系，并定期进行交流和探讨。2018 年，丝丽雅集团与四川大学、武汉大学三方共同签署了"碱／尿素水溶剂低温溶解法制备纤维素和甲壳素等新材料产业化及应用"项目的战略联盟协议。其战略联盟的形成，不仅有助于整合三方在工程技术研究能力、产品研发、成果转化以及理论研究等方面的优势，同时还可能标志着变革传统纤维制造技术，引领纤维素绿色发展的新革命。

从网络位置权力的角度来看，为解决新型生物质纤维技术产业难题和共性问题，开展面向生物质纤维全产业链的合作技术开发，2018 年丝丽雅集团牵头，与国内大型纺织企业成立新型生物质纤维产业联盟。该产业联盟的成立，标志着新型生物质纤维产业的发展进入一个新的历史阶段，形成以理事长单位丝丽雅集团为中心的抱团发展格局，有力推动纺织产业的转型升级，实现新型生物质纤维产业链上下游企业效益共创、利益共享。同时，丝丽雅集团牵头，成立了多个其他跨行业、跨领域的战略联盟。例如，2014年由德州华源生态科技有限公司、雅戈尔集团、上海罗莱家用纺织品有限公司、中国纺织工业联合会检测中心等参与的"生物基聚酰胺产业创新联盟"；2017年由工业和信息化部电子第五研究所、川能智网实业有限公司、全友家私有限公司、四川省节能协会等参与的"四川省绿色制造业产业联盟"。另外，丝丽雅集团是该行业国家标准和行业标准的制定者之一，其自主研发的一锭多丝技术，成为影响整个产业格局的突破性工艺创新技术，因此，在行业内有着较高的声望和影响力。同时，丝丽雅集团作为国内外行业产能的龙头，在行业上下游保持着较大的"议价"能力和技术影响力。

从共同愿景的角度来看，高校的交流封闭性、地位特殊性以及目的短期性特征，导致高校在与产业界进行合作时，缺少彼此之间的信任，进而增加了关联建立的签约成本。例如，建立联系时的事前谈判成本和契约成本等，以及联系构建后的约束成本和运营成本等。2000年，丝丽雅集团与四川某大学建立了合作研发的联盟关系，投入了大量的资金、人力等。虽然最初双方之间的合作愿景比较良好，但随着项目的推进与深化，双方在目标上的差异和分歧不断扩大。这种分歧存在的原因是高校和企业之间研发目的不同所导致的。高校科研人员的研发目的主要聚焦于实验室，只要实验室里研发成功后，就不再关心研究成果如何转向工业环境以及商业化的一系列过程。对企业来说，实验室的研究成果固然重要，但是他们更关心研究成果如何转向工业环境以及商业化的过程。只有在市场上获得认可并且盈利的研发产品，才被企业界认为是技术创新。这次与高校的合作，由于双方在项目研发过程中出现了信任、共同目标等愿景的缺失，导致该项目最终失败。在此之后，丝丽雅集团很少再与高校展开合作创新。直到2007年，丝丽雅集团与四川省科学技术信息研究所、四川大学、电子科技大学等抱团，共同申请科技部的"四川省创新方法推广与运用研究"项目，以及与香港理工大学展开记忆纤维的合作研发，才算是重新启动了与高校合作的研发模式，具体情况如图2-2所示。

图 2-2　丝丽雅集团的联盟组合网络

（三）长虹集团的联盟组合配置

从联盟伙伴多样性的角度来看，在长虹集团的创新生态系统中，不仅构建了长虹、美菱、华意等国家级技术研发中心和北美、西班牙、捷克等海外研发中心的协同创新优势，还建立了人工智能、信息安全、新能源材料灯塔实验室，以及进一步加强了与清华大学、中国科学院、四川大学、电子科技大学、麻省理工学院等国内外重点大学、科研机构的技术合作关系，进而匹配长虹集团新时期的战略方向，强化技术创新引领能力。从建立初期起，长虹集团就面临着技术真空、技术封锁等状况，因此十分重视与高校、科研机构之间的研发合作，以此吸收外部伙伴的异质性知识和资源，弥补自身技术知识储备的不足。2005—2019 年，围绕核心器材、新能源、大数据等，长虹集团与清华大学、电子科技大学、中国科学院等相继成立了新型视听技术联合实验室、新能源材料与器件联合实验室以及新型智慧城市研究院。此外，在电子通信、核心器件等领域，西方国家的技术积累远远高于中国。为此，长虹集团也非常注重与欧美国家的企业、研究机构建立战略联盟关系，以此获取外部多样性知识和资源。2004 年，长虹集团与飞兆半导体公司成立了"长虹－飞兆"联合实验室，合作研发绿色电源技术、等离子显示器、液晶、背投等产品。2008 年，长虹集团与美国通用电气公司签订了共同开发家电环保材料的战略联盟协议。2009 年，长虹集团与国际商业机器公司等多家公司以股权联盟的形式展开合作，并在信息产品、整体信息解决方案以及整合产品开发等多个领域取得了显著成效。

从关系联结强度的角度来看，从 2004 年开始，为了应对外部环境的压力，长虹集团制定并实施了三坐标战略，分为产业价值链、产业形态以及商业模式三个维度。第一，从产业价值链的维度，主要来自外部技术上的压力。为获取更大的行业附加值，长虹集团逐渐向上游价值链转移。因此，长虹集团通过技术引进、技术并购以及原始创新等手段，逐渐向关键核心部件、软件系统等转移，形成集成电路、工业设计、嵌入式软件三大核心技术能力。例如，2006 年，长虹集团成为华意压缩机的控股股东，标志着长虹集团进一步完善了白电产业链。截至 2019 年，长虹华意在冰箱压缩机行业的产量和市场份额，连续多年排名全球第一。第二，产业形态方面，主要是来自市场的压力，驱使长虹集团通过战略合作以及集成创新的方式，实现消费电子、信息技术、通信等产品的 3C 融合，完善长虹集团的产业布局。因此，长虹集团围绕主导产业的上下游产业链，在冰箱压缩机、大数据存储、轨道交通电源等多个产业进行布局。例如，2013 年，长虹集团携手国际商业机器公司、绵阳市政府、文思海辉技术有限公司成立"绵阳 IBM 大数据分析竞争力中心"，其中，政府扮演的角色是资源整合者，长虹集团的角色是需求者和客户，国际商业机器公司的角色是平台、品牌以及技术提供方，文思海辉技术有限公司的角色是技术运营方。

第三，商业模式方面，来自新商业模式的压力驱使长虹集团与外部伙伴结成战略联盟关系，并通过模式创新，打通产品、服务和内容的边界，将长虹集团的离散交易模式改变为连续交易模式。例如，2009 年，长虹佳华与迈克菲（McAfee）、世盾索孚特（Stonesoft）、瑞威网络（Radware）、欧普奈特（Opnet）等知名企业联手，打造了国内领先的数据定制中心平台——CDSClub 实验中心，在实现跨平台的技术整合的前提下，完善了以定制服务为核心的增值转型。

虽然长虹集团围绕产业价值链、产业形态以及商业模式三个维度，积极打造"终端+平台+内容+服务"的创新生态系统，但是，长虹集团与联盟伙伴的关系仍存在一些融合问题。例如，"绵阳 IBM 大数据分析竞争力中心"和"CDSClub 实验中心"项目中，由于没有完善的约束机制，合作者之间的利益分配模式仍不是很明确。另外，2004 年，长虹集团以 20 亿美元押注等离子电视，但是，在此之后，合作伙伴却相继退出等离子阵营。2005年，索尼公司、东芝公司宣布放弃等离子业务；2008 年，日立公司、先锋公司也宣布退出等离子行业。同时，三星电子公司、LG 电子公司、中华映管股份有限公司也退出了等离子面板生产。直到 2014 年，市面上只剩下长虹集团，但在等离子业务上也"孤掌难鸣"，随后以 6420 万元出售了等离子业务。❶ 长虹集团在等离子领域的失败，不是输在等离子技术上，而是输

---

❶ 王海艳，蔡辉. 长虹梦碎等离子：虹欧停产 数百员工等待安置［EB/OL］.［2022-11-17］. https://tech.sina.com.cn/e/2014-11-17/06599797428.shtml.

在长虹集团没有与战略联盟伙伴建立较强的联结关系，因此也就无法在等离子产业上构建良好的生态系统。

从网络位置权力的角度来看，经过多年的发展，长虹集团已经成为多个细分领域的行业第一。例如，长虹华意压缩机在产量和销售额上均居全球第一位；长虹拥有国内规模最大的电源系统研发基地，其生产的航空电源占据了国内 70% 以上的市场；长虹爱联科技也是国内最大的物联网无线连接模块生产和研发基地。因此，长虹集团在家电、冰箱压缩机、轨道交通电源和物联网模块等多个产业联盟中，均占据了核心位置。此外，长虹集团不仅是中国智能家居技术、激光电视机技术、国内 4K 电视技术等行业标准的起草者和制定者，也是智能制造等国家标准的制定者和 AVS 视频编码标准等国际标准的制定者。另外，长虹集团还进一步打通上游产业价值链，通过直接股权联盟的形式，获取产业技术的话语权。例如，2005 年，长虹集团与显示器巨头彩虹集团展开了战略联盟合作，并成立了 CC 工作小组，共享双方在等离子技术上的成果。2006 年，在 CC 小组的协助下，长虹通过 9990 万美元的投资，成功收购了荷兰斯特罗普公司 75% 的股权，并间接控制了韩国欧丽安公司，以此获得了韩国欧丽安公司 300 多项专利及等离子核心技术，更为重要的是，韩国欧丽安公司还拥有 200 多人的等离子研发团队，同时还拥有世界上最完备的等离子量产技术。❶

从共同愿景的角度来看，作为军工起家的企业，长虹集团始终坚持"产业报国"的志向。同时，在"同创共享"的理念指导下，长虹集团与合作伙伴始终坚持以国家需求为导向，通过技术合作解决桎梏中国经济发展的核心难题。例如，中国家电业的规模，虽然已经达到世界第一，但是竞争能力却远远未达到世界领先水平。尤其是智能化时代，芯片和操作系统决定着终端产品的智能化水平。外资企业却利用其已建立起的"芯片 +

---

❶ 张韬. 长虹联手彩虹 "双虹" 发力等离子 [EB/OL].［2006–12–15］. http: //finance.sina.com.cn/stock/s/20061215/00001101039.shtml.

操作系统"架构,封锁中国家电业的发展。为此,长虹集团牵手西安交通大学、电子科技大学等六家单位,联合研发了轩辕TVOS操作系统,并成为中国家电业在智能时代"破局"的关键一步,突破了外资企业对中国家电业长久以来的技术封锁。同时,工业和信息化部以长虹轩辕TVOS平台为基础,打造操作系统领域的国家战略,增强中国家电业的话语权。另外,在四川省国防科技工业办公室、电子科技大学等联盟伙伴的协助下,长虹集团成功研制了智能SoC芯片、PDC芯片,实现了家电芯片领域的弯道超车。目前,长虹借助其SoC芯片、PDC芯片及轩辕TVOS操作系统,已搭建起完善的智能产业链,并凭借其强大的产品终端实力,打造出智能时代中国产业的智能生态圈,具体情况如图2-3所示。

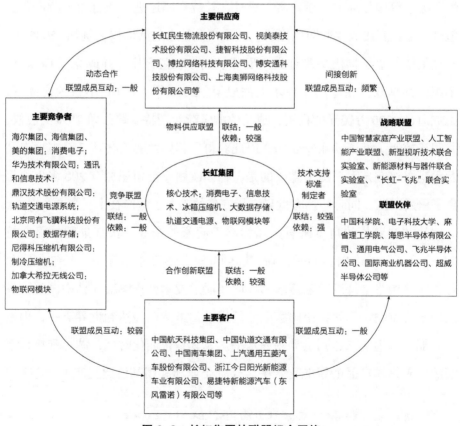

图2-3 长虹集团的联盟组合网络

二、知识耦合

知识耦合代表本地网络及超本地网络中不同技术领域知识进行捕获、甄别、融合与创造新知识的过程，它能显著提升组织知识基础的进化速度，为组织的探索式创新活动提供知识支撑。其中，辅助性知识耦合和互补性知识耦合均是对外部知识的搜索、解构、整合等的动态循环过程，其主要区别在于两者知识的特性（未拥有／拥有）、整合目的（短期／长期）等不同。因此，本书认为互补性知识耦合和辅助性知识耦合是衡量联盟组合中知识耦合的两个重要方面，相关案例的访谈调研也均证实了这一点，以下是案例研究结果。

（一）东方电气集团的知识耦合

东方电气集团以政府、合作供应商、高校、研究机构、用户等机构为基础，构建了多个开放式"政产学研用"协同创新合作交流平台或异业联盟，成为获取技术知识和市场信息的重要来源。由此，东方电气集团不仅可以有效整合联盟伙伴的异质性资源和技术，弥补自身在新领域或者跨领域之间知识库的不足；同时，与竞争对手相比，还可以更快地获取优质资源和新技术，并且迅速地对获取的新技术和已有技术进行有效整合和吸收，进而能将重构的新技术构念运用到新产品研发当中，并快速地进行商业化。

从成立之日起，东方电气集团一直致力于多元化发展战略，探索不同产品的不同发展方向。2009 年，东方电气集团的产品研发还只是局限于熟悉的发电设备等领域，在现有技术构念、资源、市场等的支持下，从传统的水电、火电等发电设备，逐渐延伸到风电、太阳能等可再生能源行业。在这个过程中，东方电气集团的辅助性知识耦合能力得到极大提升，知识积累速度和知识管理效率不断加快，研发的新产品由于较高的质量和性价比，开始批量销往全球主要经济区域。

从 2010 年开始，在全球经济一体化的趋势下，东方电气集团开始构建全球性开放式创新体系。在这一阶段，东方电气集团的互补性知识耦合得到了极大的提升。一方面，东方电气集团开始步入全球性的研发战略轨道，在积极吸收全球最前沿、最领先的技术知识和资源的基础上，与自身已有的技术知识有效融合，进而创造新的产品和技术。例如，2016 年，与三菱日立电力系统公司签订的 M701F5 燃机技术转让协议，极大地提升了中国重型燃气轮机的研发实力。另一方面，为了满足国内外新兴市场需求，2010 年东方电气集团开始涉足燃料电池等全新的新能源领域。经过 9 年时间，东方电气集团在燃料电池领域从 0 到 1，已掌握核心部件、电堆设计及系统控制、记忆集成等全套关键技术。2016 年，东方电气集团与成都客车股份有限公司展开深度合作，在充分整合各自优势资源和技术的基础上，成功研制出氢燃料电池动力城市客车，并先于国内氢能领域的产业先行者亿华通公司，于 2018 年初正式在成都上线运行。

（二）丝丽雅集团的知识耦合

丝丽雅集团形成了多层次的研发网络体系，分别为丝丽雅技术研发中心、丝丽雅实验室以及研发部门。第一层次是以集团总公司为主体的全球技术研发中心，主要职责是研究行业关键核心技术、关键共性技术等基础性研究。其目的是针对丝丽雅集团的中长期发展战略，制定和执行技术发展战略和技术创新体系。丝丽雅技术研发中心非常重视互补性知识耦合，例如，一锭多丝技术的发明，打破了世界上一个纱锭纺一根纱的规律，成为影响整个产业格局的突破性工艺创新技术；蚕蛹蛋白纤维的研发，独创性地将优良的动物蛋白和纯净的天然植物纤维结合，填补了我国新型生物质纤维的空白。丝丽雅实验室，包括新型纺丝机实验平台、蛹蛋白实验平台等，其主要职责是将技术研发中心的基础研究所创造的新知识转化为新技术、新工艺，起到衔接基础研究和应用研究的功能。

此外，丝丽雅集团各子公司实验室和研发部门偏向于辅助性知识耦合。研发部门的主体是各子公司，其主要职责是将新技术、新工艺进行商业化，即转化为适合于市场需求的新产品，以及完善研发产品的经济性、工艺性、市场性等。同时，丝丽雅集团还十分注重吸收和整合国外同行业的经验和先进技术。针对国外先进的粘胶纤维工艺技术，丝丽雅集团组织专门人员对德国、日本、俄罗斯等国家的先进粘胶纤维资料，进行编撰成册，并让企业的管理人员、技术研发人员等定期学习。同时，丝丽雅集团还制定了"请进来"和"送出去"相结合的政策，不仅组织集团技术研发骨干去意大利、日本、德国等国家的粘胶纤维行业的高水平高校和企业进行交流和学习，同时还邀请日本、德国等国家的粘胶纤维行业知名教授来集团进行技术讲座，为集团的产品研发注入新的知识源。

（三）长虹集团的知识耦合

长虹集团的技术研发体系主要借鉴了日本家电企业的模式，采用"横向平台支撑，纵向多产业协同"，进而保证总部与各子系统之间的技术创新研发体系的协调和匹配。所谓的横向平台支撑，就是通过搭建研发网络平台，作为知识管理和技术研发的支撑。其主要以集团的技术研发中心为基础，搭建各子公司共享的软件实验室、工业实验室、工程实验室等研发平台，进而为各子公司知识管理、核心技术研发等提供支撑。例如，家电类的可靠性技术研究（如电视）、风道系统设计标准化研究（如压缩机、空调）等。另外，为了整合内外部资源和知识，抢占全球新能源、新材料等领域的技术制高点，长虹集团还与多所国内外高校、研究机构成立了联合实验室。联合实验室主要为长虹集团提供：新能源、新材料、核心器件等领域的技术战略研究与规划；制定技术发展路线；研究新能源、新材料、核心器件等关键技术，并进行开发等。在实验室专家的带领下，长虹集团的技术骨干人员，通过全程参与课题，深入掌握和理解新能源、新材料等领域的隐性知识。在频繁与高校、科研机构进行交流的过程中，相关的新技术、新知识也越容易为企业内部所理解、掌握，其隐性知识也就越容易实现转移和吸收。同时，电子科技大学等高校还针对长虹集团在研发、生产过程中所产生的技术难题，例如，SoC 芯片、PDC 芯片等共性技术问题，设置相关的专项项目，并组织专家对相关问题进行攻关。另外，这些高校还组织专家定期与长虹集团进行交流，包括技术咨询、学术报告 / 交流、技术难题答疑等。

所谓的纵向多产业协同，指的是以集成产品开发的方式，组建跨部门、跨公司的产品研发团队。其目的不仅是确保产品研发的成功率和效率，同时还希望提升整个产品研发团队的创新能力。长虹集团主要采用以下途径实现新知识的融合：第一，长虹集团制发生产标准手册，便于员工进行学习、查阅。将获取的新知识、新技术等融入长虹集团已有的技术体系中，并将之形成各子公司、各部门可以具体化、可操作化的生产标准。第二，技术培训。通过每周的项目小组研讨会，以及组织项目成员定期学习新知识等方式，让集团内部更快速、更准确地掌握新知识、新技术。第三，师徒制形式。以师徒制的方式，可以很好地将核心技术骨干所掌握的关键知识传递到新一代的技术人员中。

基于此，本书对东方电气集团、丝丽雅集团以及长虹集团的知识耦合成效进行了总结和归纳，如图 2-4 所示。

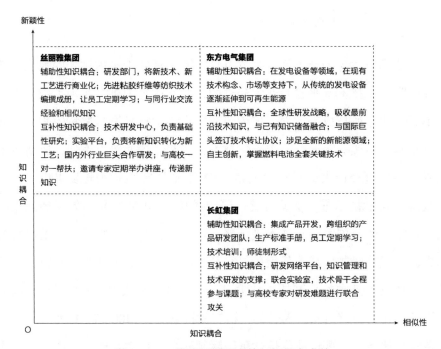

图2-4　二维分析框架中的知识耦合成效

三、企业创新能力

创新能力是利用知识流入和知识流出来加快企业产品、技术等创新活动的开发行为，它是由一系列动态的过程组成，包括发明源、研制、生产和市场化，并最终实现商业价值的过程。创新能力可以被认为是内部研发投入的产出，也可以被认为是外部知识学习和累积的结果。在战略管理领域，创新能力被广泛视为评价技术创新活动有效性的重要指标，可以用新产品开发及迭代速度、新产品数量和发明专利数、现有生产工艺和管理流程的改进、新产品的市场领先性等来表征。本书案例企业所反映的创新能力情况如下。

（一）东方电气集团的创新能力

在技术研发与创新方面，东方电气集团一直处于国内领先的地位，甚至在国际上，技术水平也是非常先进的，并通过知识耦合实现了创新能力的不断强化。科技成果方面，连续荣获国家科学技术进步奖特等奖、国家科学技术进步奖一等奖、国家科学技术进步奖二等奖等。例如，成功研制世界上转轮直径最大的葛洲坝电站 170MW 轴流转桨式水轮发电机组，并荣获国家科学技术进步奖特等奖；研制成功的 600MW 超临界循环流化床锅炉技术，荣获国家科学技术进步奖一等奖等。在"卡脖子"关键核心技术方面，成功研制世界上最大单机容量 100 万千瓦混流式水电机组精品转轮，并攻克了其中的关键核心技术；研制的世界最大 EPR175 万千瓦核电主设备，在台山核电站投入运行；第三代核电 CAP1400 和"华龙一号"主设备完成研制，主要性能指标达到国际领先水平；太阳能光热产业技术取得突破；成功研制国内首台 5 万千瓦大功率光热汽轮机组。在知识产权方面，东方电气集团加强了专利申请数量和质量方面的管理，并进一步强化了发明专利的申请比例。例如，截至 2019 年底，东方电气集团拥有有效专利 2347 件，高质量的发明专利 922 件，其中，仅 2019 年，东方电气集团新增有效专利 692 件，高质量的发明专利 301 件，发明专利占比高达43.5%。❶

综上所述，东方电气集团无论是新产品开发及迭代速度、新产品数量和发明专利数、现有生产工艺的改进、新产品的市场领先性等，在国内外同行业中均位于领先水平。

---

❶ 沈右荣. 东方电气研发投入连续 10 年超 10 亿 经营向好上半年新增订单 259 亿元［EB/OL］.［2022–10–14］. https://new.qq.com/rain/a/20201014A036HJ00?no–redirect=1.

（二）丝丽雅集团的创新能力

自 1997 年新领导班子上任以来，丝丽雅集团的新产品开发速度和效率在粘胶纤维行业一直保持领先。作为高新技术群和产品标准制定者和创建者，丝丽雅集团先后荣获国家科学技术进步一等奖、国家科学技术进步二等奖、全国纺织行业科学技术进步一等奖、纺织行业科学技术贡献奖等。截至 2019 年 8 月，丝丽雅集团拥有各项有效专利 1784 件，授权专利 1426 件；另外，在粘胶长丝等主营业务领域，丝丽雅集团还拥有 100 多项国际领先的核心技术，同时，在国内处于领先的技术专利也多达 200 多项。❶2002 年，研制的蛹蛋白粘胶长丝，成为世界首创的纺织新型原料，并荣获"国家火炬计划项目"等荣誉。2003 年，一锭多丝技术的发明，打破了世界上一个纱锭纺一根纱的规律，成为影响整个产业格局的突破性工艺创新技术。2005 年，该专利技术荣获"国家科学技术进步奖二等奖"。2011 年，丝丽雅集团研发的"圣桑"蚕蛹蛋白纤维，独创性地将优良的动物蛋白和纯净的天然植物纤维结合，填补了国内生物质纤维的空白。2012 年，丝丽雅集团自主研制的扁平丝技术，填补了国内异形截面丝的空白。2018 年，丝丽雅集团旗下惠美线业公司，自主研发的一项集成创新技术——"生丝饼同步压染方法"，荣获中国专利优秀奖。

（三）长虹集团的创新能力

长虹集团拥有 4 个国家级技术研发中心、3 个国家级实验室以及 3 个海外研发中心。成立的研发平台有技术中心、可靠性研究中心、工程技术中心等。各子公司也拥有与集团主营业务相匹配的专业研究机构，如结构所、变频所、平板所等。同时，它不仅与国内重点高校、研究机构成立联

---

❶　丝丽雅. 丝丽雅集团：从 1 亿到 300 亿的奋斗史［EB/OL］.［2022-07-07］. https：//www.cn-grace.com/news_view.aspx?ContentID=4392&t=43.

合实验室，还与美国安森美半导体、日本松下等国外企业成立实验室。截至 2019 年底，长虹集团研发投入为 21.43 亿元，研发投入占营业收入比重的 2.41%，同时，长虹集团累积共申请专利数量为 9369 件，其中，仅 2019 年，长虹集团新增专利 214 件，其专利主要集中在图像通信、数据传输控制程序 / 协议、制冷等领域。❶

经过不断的转型发展，长虹集团在电视、冰箱、空调等智能家电行业稳居前列，同时，围绕上下游产业价值链，长虹集团在冰箱压缩机、数据存储、轨道交通电源、物联网模块等多个行业成为国内隐形冠军，甚至部分产品在世界上也稳居第一。例如，长虹华意压缩机在产量和销售额上均居全球第一位；作为国内高速连接器龙头生产商，长虹华丰先后为我国载人航天工程配套了上千项规格的电连接器；长虹电源公司作为国内第一大轨道交通电源系统生产商，生产的特种电源占据了国内 90% 以上的市场，并先后完成 100 多项省部级和国家级重大工程项目。

第四节　跨案例比较研究

本书根据不同企业所面临的实际情况，对各变量进行评判与编码。根据从高到低的顺序，分别用很高、较高、一般、较低、很低五个等级，对各项指标强弱程度进行量化，并依据前面分析得出初步编码结果。之后请各案例企业的被访人员和相关专家，审核和修正初步的编码结果，其得出的最终编码结果如表 2-1 所示。

---

❶ 四川长虹 . 四川长虹 2019 年年度报告全文［EB/OL］.［2022-01-15］. https：//group. changhong.com/tzzgx_275/sczh/dqbg/2019/.

表 2-1　各案例企业数据编码最终结果

企业	联盟组合配置				知识耦合		企业创新能力
	联盟伙伴多样性	关系联结强度	网络位置权力	共同愿景	互补性知识耦合	辅助性知识耦合	国家级奖项、发明专利等
东方电气集团	很高	很高	很高	很高	很高	很高	很高
丝丽雅集团	较高	较高	很高	一般	很高	较高	较高
长虹集团	很高	一般	较高	较高	一般	很高	一般

一、联盟组合配置与知识耦合

(一)联盟伙伴多样性与知识耦合

从表 2-1 可以发现，在联盟组合中，联盟伙伴多样性正向影响互补性知识耦合与辅助性知识耦合。例如，东方电气集团、长虹集团、丝丽雅集团均与本地和超本地的政府、高校、供应商、研究机构、用户、行业协会等不同类型的组织/人员建立了长期的联盟关系，且联盟成员之间会相互传递和共享行业内外的信息和异质性知识。因此，与竞争对手相比，东方电气集团和长虹集团往往能在联盟组合中汲取多样性、新颖性的异质性信息和互补性知识，并将获取的稀缺性创新资源进行整合、重构后，创造出新的知识，应用于企业新产品的研发与生产过程中；丝丽雅集团与联盟伙伴所构建的联盟组合规模稍逊于东方电气集团和长虹集团，但与同行业相比，其联盟伙伴多样性程度也较高。因此，在获取多样性、高质量、前沿的信息和知识方面也非常不错。同时，丝丽雅集团在识别外部知识、同化外部知识以及融合外部知识方面也有不错表现，并能将新知识应用于生产工艺改进和产品创新中。

可见，联盟组合多样性程度较高时，联盟组合中知识共享的来源就越多元，信息传递的方式就越广泛。较大的联盟组合规模和多元性的知识源也给企业提供了各种解决问题的启发式方法，同时还可以挖掘新知识组合运用的探索式情景。此外，通过对联盟成员知识和资源的吸收和重组，发现并筛选出联盟成员不重叠或异质性知识间的关联，并让优质互补的联盟知识得到充分融合与共享，进而提高联盟成员间异质性知识的耦合频率与效率，从而提升企业新产品设计和工艺创新的能力。

命题1：联盟伙伴多样性对互补性知识耦合有正向影响。

命题2：联盟伙伴多样性对辅助性知识耦合有正向影响。

（二）关系联结强度与知识耦合

从前文的案例企业我们可以发现：东方电气集团所构建的联盟组合中，联盟成员之间的关系联结强度具有很高的水平，其互补性知识耦合和辅助性知识耦合在所有的案例企业中也是表现最优秀的。丝丽雅集团所构建的联盟组合中，其联盟成员之间的关系联结强度表现为较高，高于长虹集团所表现出的一般水平。另外，丝丽雅集团的互补性知识耦合的表现很高，远高于长虹集团在互补性知识耦合上所表现出的一般水平。长虹集团在辅助性知识耦合的水平很高，而丝丽雅集团在辅助性知识耦合的水平表现为较高。总的来说，在联盟组合中，联盟成员之间关系联结强度可能存在正向影响互补性知识耦合与辅助性知识耦合的关系。

例如，东方电气集团作为焦点企业，所构建的联盟组合中，所有的联盟成员之间均能保持良好的合作信任关系，且能在合作过程中，彼此之间信守承诺、共创价值、共享成功，并且在遇到技术上的难题时，联盟成员之间通过良好的协作关系，可以共同解决出现的技术问题。同时，东方电气集团与联盟成员之间，通过构建合资企业、交叉持股等强联结的方式，促进复杂知识、缄默知识等隐性知识的交换与共享。而关系联结强度水平越高，其知识交换频率就越高、知识交换深度也更深，进而使知识的学习、资源的融合过程就越简单。因此，东方电气集团通过构建高水平、高联结强度的联盟组合关系，能更迅速、更广泛地汲取新颖性、异质性的知识和信息，并将获得的信息和知识与自身技术知识池进行整合，从而提升新产品开发能力。而长虹集团与其组合中联盟成员之间的关系联结强度表现为一般，主要是研发合作、许可协定、联合营销等关系联结的方式。但是，与国内同行业相比，长虹集团通过创新平台建立了良好的知识资源整合与互补的合作形式。另外，作为焦点企业的丝丽雅集团，在和联盟成员之间对技术难题进行联合攻关之后，也取得了较高的知识共享和创新成果。

可见，焦点企业越与多样性的伙伴建立联盟关系，就越有利于捕获创新网络中有价值的知识和资源。同时，其关系联结强度水平越强，交流频率越高，也就越有利于焦点企业与节点企业之间对异质性知识和互补性资源在联盟组合中形成流动、转移、吸收以及创造，进而在联盟组合中形成关系租和知识租，促进焦点企业新产品设计和工艺创新的能力。

命题3：关系联结强度对互补性知识耦合有正向影响。

命题4：关系联结强度对辅助性知识耦合有正向影响。

（三）网络位置权力与知识耦合

从前文的案例企业我们可以发现：东方电气集团和丝丽雅集团所构建的联盟组合中，具有很高的网络位置权力；互补性知识耦合和辅助性知识耦合在所有的案例企业中，东方电气集团的互补性知识耦合和辅助性知识耦合表现最为优秀，丝丽雅集团的互补性知识耦合表现也很优秀，而辅助性知识耦合相对于东方电气集团，则次之。相反，长虹集团所构建的联盟组合中，网络位置权力也较高，仅次于案例企业中东方电气集团和丝丽雅集团，但长虹集团的互补性知识耦合表现显示为一般，弱于东方电气集团和丝丽雅集团，但长虹集团的辅助性知识耦合要高于丝丽雅集团。总的来说，在构建联盟组合中网络位置权力可能存在正向影响互补性知识耦合与辅助性知识耦合的关系。

命题 8：共同愿景对辅助性知识耦合有正向影响。

二、知识耦合与企业创新能力

在所有的案例企业中，东方电气集团具有最高水平的互补性知识耦合和辅助性知识耦合，其创新能力也是表现最好的；其次是丝丽雅集团，也具有最高水平的互补性知识耦合，而辅助性知识耦合虽然不是最高水平，但是表现也是比较优秀的；最后是长虹集团，相比于东方电气集团和丝丽雅集团，其互补性知识耦合水平较为一般，但辅助性知识耦合很高。由此可见，无论是辅助性知识耦合，抑或互补性知识耦合，其知识耦合的本质都是提高企业学习、吸收、整合外部知识和资源的能力，丰富企业创新知识来源，提高创新能力。因此，在联盟组合中，辅助性知识耦合和互补性知识耦合可能存在正向影响企业创新能力的关系。

例如，在所有案例企业的早期，其知识来源仅限于产业链上中下游主体企业和其他国内企业，因此，其知识融合并未在联盟组合中形成，在这一阶段，案例企业的创新能力都比较薄弱。到了企业的快速发展时期，案例企业在构建的联盟组合中，与联盟成员以非产业链式的合作为手段，对产品生产过程中的有关工艺、流程等进行交流。同时，开始了与其他高等院校、科研机构等进行初步的研发合作，以及开始与国内外大型企业建立长期的合作关系，并引进相关的技术人员。在这一阶段，案例企业除了获取外部知识外，还能在一定程度上吸收、应用这些知识进行新产品研发，但是知识耦合能力还是不强，但这一阶段案例企业的创新能力有了较大幅度提高。最后是成熟时期，在这一阶段，案例企业的知识耦合水平有了较大程度进步，不仅引进国内外先进技术和顶尖人才，还通过与技术型企业合作，联合攻关技术难题、开发新产品等方式获取互补性知识，并时刻与不同的联盟成员保持互动，对获取的外部知识进行消化、吸收、整合以及应用。此时的案例企业，相对于前面两个阶段都有了大幅度提高。同时，在这一阶段，案例企业也具备了自主开发、联合开发新产品的能力，并在某一方面处于行业领先地位。

命题9：辅助性知识耦合对企业创新能力有正向影响。

命题10：互补性知识耦合对企业创新能力有正向影响。

三、联盟组合配置与企业创新能力

通过上述对案例企业的分析和描述，本书发现各案例企业在联盟组合配置与企业的创新能力之间存在联系，即联盟组合配置与企业创新能力之间可能存在正向关系，即联盟伙伴多样性、关系联结强度、网络位置权力、共同愿景均有助于提升企业的创新能力。

从表2-1中可以发现，东方电气集团的创新能力水平最高；丝丽雅集团和长虹集团虽远远高于同行业平均水平，但是与东方电气集团相比仍存在差距，其中，长虹集团的创新能力水平在三个案例企业中最低。

从联盟伙伴多样性来看，东方电气集团和长虹集团的联盟伙伴来源最为多元性，丝丽雅集团的联盟伙伴多样性来源的表现较高。可见，联盟伙伴多样性与创新能力之间可能存在正向关系，高水平的联盟伙伴多样性可以为企业开辟更为多元的渠道获取异质性知识和资源。

从关系联结强度来看，东方电气集团与联盟伙伴之间的联结强度表现最为突出，长虹集团与联盟伙伴之间的联结强度表现一般，而丝丽雅集团位于两者之间。研究发现，关系联结强度最高的东方电气集团，其创新能力水平也最高，而关系联结强度较为一般的长虹集团，其创新能力水平也较低，但明显高于同行业的研发水平。可见，关系联结强度与企业创新能力之间可能存在正向关系。越高水平的关系联结强度，就越有可能建立稳定的联盟环境，共享多样性的隐性知识，提升异质性知识在联盟成员间传递和转移的效果，丰富企业创新知识来源，提高企业创新能力。

从网络位置权力来看，东方电气集团和丝丽雅集团在联盟组合中的位置权力最高，长虹集团次之。可见，网络位置权力与企业创新能力之间可能存在正向关系。在联盟组合中，处于位置优势的企业，他们在选择自己的联盟伙伴时有更大的自主权或自由度，而这些处于位置优势的企业有更多的机会和权力去建立自身的桥链接纽带，进而增加在联盟组合中的结构优势。

从共同愿景来看，东方电气集团在所构建的联盟组合中，联盟成员之间的共同愿景最高，其次是长虹集团所构建的联盟组合，而丝丽雅集团表现较为一般。可见，在联盟组合中，联盟成员之间的共同愿景与企业创新能力之间可能存在正向关系。较高的共同愿景，有助于加深联盟成员对联盟关系和联盟意愿的认同，促进联盟成员间的合作频率及其参与深度。

基于以上分析，本书提出如下初始假设命题：

命题11：联盟伙伴多样性对企业创新能力有正向影响。

命题12：关系联结强度对企业创新能力有正向影响。

命题13：网络位置权力对企业创新能力有正向影响。

命题14：共同愿景对企业创新能力有正向影响。

第五节　本章小结

本章通过对东方电气集团、丝丽雅集团、长虹集团这三家企业的探索性案例研究，探析了焦点企业在构建的联盟组合中，联盟伙伴多样性、关系联结强度、网络位置权力和共同愿景对企业创新能力的影响机制，初步揭示了"联盟组合配置 - 知识耦合 - 企业创新能力"的分析逻辑，具体如

图 2-5 所示。

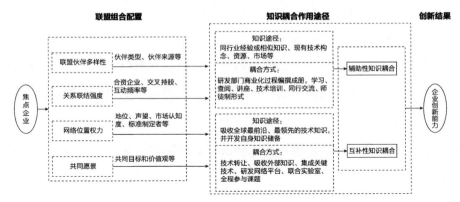

图 2-5　联盟组合配置对企业创新能力的作用模型

通过案例分析，本书认为，联盟伙伴多样性、关系联结强度、网络位置权力以及共同愿景对企业创新能力的作用部分通过知识耦合产生，但是联盟伙伴多样性、关系联结强度、网络位置权力和共同愿景对企业创新能力的影响效果和影响机制有所不同。以下是由探索性案例研究推导出的 14 个初始假设命题：

命题 1：联盟伙伴多样性对互补性知识耦合有正向影响。

命题 2：联盟伙伴多样性对辅助性知识耦合有正向影响。

命题 3：关系联结强度对互补性知识耦合有正向影响。

命题 4：关系联结强度对辅助性知识耦合有正向影响。

命题 5：网络位置权力对互补性知识耦合有正向影响。

命题 6：网络位置权力对辅助性知识耦合有正向影响。

命题 7：共同愿景对互补性知识耦合有正向影响。

命题 8：共同愿景对辅助性知识耦合有正向影响。

命题 9：辅助性知识耦合对企业创新能力有正向影响。

命题 10：互补性知识耦合对企业创新能力有正向影响。

命题 11：联盟伙伴多样性对企业创新能力有正向影响。

命题 12：关系联结强度对企业创新能力有正向影响。

命题 13：网络位置权力对企业创新能力有正向影响。

命题 14：共同愿景对企业创新能力有正向影响。

需要指出的是，以上初始假设命题是对现有联盟组合配置和知识耦合研究的拓展和补充，也是本书提出明确的研究假设与概念模型的基础。为了证明本书提出的假设，本书将在下面章节进一步对研究问题之间的关系进行探讨，从理论分析角度与实证角度对这些初始假设命题进行论证，并构建具体的概念模型。

第三章 联盟组合中企业创新能力作用机制研究

通过文献综述和多案例研究的分析和探索，本书不仅解析了联盟组合配置、知识耦合、企业创新能力等变量的内涵以及维度划分，同时以探索性案例的形式，初步厘清了联盟组合配置与企业创新能力之间的作用机制，并在此基础上，进一步提出此两者的内在关系是通过联盟组合配置驱动联盟成员的知识耦合行为，进而提升企业创新能力。

第一节 联盟组合配置与企业创新能力

已有的研究普遍认为，企业构建联盟的最广泛动机是获取外部新的技术知识和技能。这种观点认为，跨组织间的伙伴关系是信息、知识和学习的渠道来源。在研究联盟的相关文献中，双边视角占据着主导地位，但是，近年来学者们也越来越意识到从整体视角来管理和配置联盟组合的重要性。学者们基于组合的视角来看企业之间的联盟行为，认为企业从联盟组合获取的利益远远超过个体联盟获取的利益之和。❶这也表明，联盟组

❶ HOEHN-WEISS M N, KARIM S, LEE C H. Examining alliance portfolios beyond the dyads: The relevance of redundancy and nonuniformity across and between partners [J]. Organization Science, 2017, 28（1）: 56-73.

合的一些关键特征将会对焦点企业从伙伴处获取异质性知识的潜在机会和能力造成影响。在联盟组合中，配置资源和战略越合理，就越能够为企业探索式创新提供潜在的机会，并利用有关产品设计、概念和发展等新颖的想法，摆脱已有束缚创新理念的规则和程序。因此，许多研究都试图识别联盟组合配置来提升企业绩效和相关成果，如联盟形成、股东风险、知识获取、产品创新等。已有研究显示，联盟组合配置是由多种因素所构成，包括联盟组合中关系的数量、分散性、资源冗余性、联结强度，以及联盟组合中联盟成员的规模、联盟组合结构、联盟组合关系特征等。因此，本书在已有学者的研究基础上，从伙伴维度、关系维度、结构维度、认知维度四个方面，对联盟组合配置展开研究。具体来说，本书的联盟组合配置主要包括以下四个方面内容：（1）联盟伙伴多样性；（2）关系联结强度；（3）网络位置权力；（4）共同愿景。

一、联盟伙伴多样性与企业创新能力

资源基础观认为，创新能力是企业知识源转为企业竞争力的过程，而选择与外部伙伴的有效合作，可以有效弥补内部创新源的不足。但是，由于联盟伙伴类型中资源和能力的差异，可能导致不同的联盟关系产生多样性或冗余知识。联盟伙伴多样性是焦点企业与联盟成员之间、联盟成员与联盟成员之间受知识、资源或者技术能力驱动的差异程度。联盟伙伴的差异程度则保证了企业可获取知识的相对新颖性与异质性，同时增加了联盟组合中知识组合的数量和种类。此外，多样性的知识源也给企业提供了各种解决问题的启发式方法，同时还可以挖掘新知识组合运用的探索式情景。通过搜索多样性的技术知识领域，有助于打破阻碍企业创新研发过程中的现有联盟认知结构，包括联盟惯例、文化、价值以及信仰等，实现新联盟成员的有效交流与互动，促进焦点企业对联盟创新资源的整合和吸收。因此，联盟伙伴多样性有助于促进企业创新能力提升。首先，联盟伙伴多样性有助于企业充分利用联盟机会，促进知识溢出效应，进而为联盟组合带来规模经济和范围经济。其次，联盟伙伴多样性的知识基础有助于减缓核心刚性和路径依赖，避免企业陷入某个技术创新"锁定效应"，降低颠覆性技术研发面临的风险性和不确定性。最后，联盟伙伴多样性可以有效影响企业的知识吸收能力，迅速捕获市场上出现的新创新机会，并通过联盟合作快速实现商业化过程。例如，鲍尔和莱克（Bauer & Leker）指出，战略联盟是不同知识体系的集合体，而知识体系之间的差异性就是为了强调联盟伙伴知识异质性的本质。❶帕赫（Parkhe）认为，各个联盟成员在属性上存在较大差异，这种差异反映在联盟交互过程中的知识和资源的共享，从而对企业创新产生重要影响。❷同时，他还指出，联盟成员的多样性还可以从以下两方面体现：（1）进入联盟组合的战略动机，企业在加入联盟组合之前，会通过事前的调查与研究进行对比，除非联盟组合的资源和技术可以与本企业进行优势互补，方才决定加入联盟组合；（2）特征各异的联盟成员在知识交互过程中所形成的亲疏关系会存在一定的联盟异质性，而这种关系上的远近距离可能会不利于联盟成员的交流与合作，从而影响联盟成员间的知识共享与企业创新的提升。

另外，交易成本理论认为，联盟成员之间不论是行业背景、联盟经验，还是知识技能，彼此之间都存在较大差异，因此，联盟之间的交流与合作可能会存在一定的困难，进而增加联盟的管理成本。但是，联盟组合不同于双边结构的联盟关系，企业构建联盟组合之前，往往已经具备与异质性组织进行创新合作的实践基础与理论支持。尤其是在开放式创新氛围

❶ BAUER M, LEKER J. Exploration and exploitation in product and process innovation in the chemical industry［J］. R&D Management, 2013, 43（3）: 196–212.

❷ PARKHE A. Interfirm diversity, organizational learning, and longevity in global strategic alliances［J］. Journal of International Business Studies, 1991, 22（4）: 579–601.

下，可以有效借鉴其他企业与异质性组织联盟的成功经验，进而丰富自身的联盟管理经验，以应对异质性组织联盟所带来的成本或失败风险。因此，虽然异质性组织合作会增加一定的管理成本，但是联盟伙伴多样性所带来的互补性资源有可能给企业带来更多的创新机会。综上所述，本书做出如下假设：

H1：联盟伙伴多样性对企业创新能力有正向影响。

二、关系联结强度与企业创新能力

联盟的创新过程反映了合作解决问题的过程，在这其中，联盟伙伴在概念开发、产品设计、原型开发和产品发布中与焦点企业始终保持紧密合作。但是，联盟的职能效应发挥作用还必须依赖于联盟成员之间特定的关系联结强度。企业所处的联盟组合，从形式上看是主体之间关系和结构的链接，而实质上却是对关系和结构链接基础上的潜在资源集合的分配。另外，嵌入性理论认为，关系嵌入是所有企业都不可避免的，在组建联盟组合的过程中，其创新行为和策略决策也必然会受到联盟伙伴之间关系联结的影响。因此，关系联结强度被认为是表征联盟组合配置的重要指标之一，而这种联盟成员的关系特征正是维持联盟创新优势的主要原因之一。

已有研究指出，企业与联盟成员间关系建立的时间越持久、互动频率越高，其隐性知识和高质量信息就越有可能跨越组织边界，提升异质性知识在联盟成员间传递和转移的效果，进而丰富企业创新知识来源，提高企业创新绩效。换句话说，关系联结强度越紧密，就越有可能建立稳定的联盟环境，共享多样性的联盟隐性知识。联盟成员之间的关系联结强度反映了企业与其他联盟成员、联盟成员与联盟成员之间维持交换关系以获取所需知识的程度。关系联结强度越高，越有利于促进联盟成员的异质性资源和隐性知识在联盟组合内的流动与共享。从已有的管理学文献以及社会科学有关的文献中发现，关系联结强度与创新能力之间的关系是正向影响。首先，当关系联结强度较高时，联盟成员会选择沟通、信任和知识共享来解决问题，而此时异质性知识源对焦点企业创新目标的实现就越有利。企业为实现创新目标，所需的共享知识会增多，知识分享频率也会增强，进而对联盟伙伴的合作程度也会要求越紧密。但是，联盟成员分享关键性知识存在固有风险。这是因为联盟成员可能存在机会主义倾向，其危害会导致知识输出成员失去核心的专有技术风险，在此情况下，联盟成员可能并不愿意共享自己的关键性技术。在关系联结强度较高时，联盟成员所构建的信任则有助于克服联盟组合形成过程中知识吸收和整合的困难。其次，通过隐性知识交换，关系联结强度有助于增强联盟组合在知识转移和共享过程中的潜在价值。虽然联盟组合提供了新颖而独特的知识，但知识本身的复杂性和隐含性，导致企业难以吸收和利用。但是，高度的关系联结会加深联盟成员间的熟悉程度，从而有利于联盟成员间的信任与合作关系的维系，降低知识转移和整合的障碍，激励联盟成员在创新过程中共享彼此的互补知识库。综上所述，本书做出如下假设：

H2：关系联结强度对企业创新能力有正向影响。

三、网络位置权力与企业创新能力

在具体的管理实践当中，企业的竞争优势主要来源于两类：一类是开发企业特定能力；另一类是发展企业新的能力。这两种能力共同决定了企业的创新水平高低。但是，如何获取这两种能力却是摆在管理者面前的一道难题。在实践中，拥有较高位置权力的企业可以从拥有多个合作伙伴处优先获取众多好处，包括通过授权特定部分的产品或商业实践，系统地开发专业领域的能力，进而提升企业的创新绩效。社会网络理论认为，在联盟网络中拥有较高位置权力的企业，代表着该企业可以从联盟网络中直接或间接获取新颖性知识、信息、技术等的机会或优势，同时还拥有优先对联盟伙伴的知识和资源进行学习、整合以及利用的机会，并追求市场新趋势或创新机会的权力。因此，已有研究认为，网络位置权力对企业创新能力的提升至关重要。

网络位置权力是指网络中治理主体通过位置和资源优势，来控制或者影响被制约节点的程度。在开放式创新背景下，企业分工的程度和范围越来越广，而在这种情形下，企业不可能独自产生自身所需的所有知识和资源。因此，企业必然寻求建立相互依赖的跨组织的网络关系，而在这种关系下，为了获取企业持续性创新所需的知识和资源，外部依赖程度较高的企业不得不选择服从于那些掌控关键性资源和技术的企业。换言之，企业掌握的知识的质量、资源的数量以及关键性技术等，成为网络权力的重要来源。在联盟组合中，处于位置优势的企业，他们在选择自己的联盟伙伴时有更大的自主权或自由度，而这些处于优势位置的企业有更多的机会和权力去建立自身的桥联结纽带，进而增加在联盟组合中的结构优势。另外，位置优势常常给外界传达出该企业是质量和可靠性的代名词，低位势的企业有强烈的意愿和高位势的企业结成网络联系。因此，高位势往往就转为网络中的权力优势，这种优势可以为企业带来伙伴的核心技能或行为信息，减少信息搜索、知识转移以及监督成本等。另外，对于联盟组合来说，较高的网络位置权力意味着企业有较强的能力整合组合中多样性而分散的知识，进而更容易聚合联盟成员形成协同效力。之前的实证研究也表明，在网络中建立较高的权力地位，吸引了网络边缘地位的创新主体，并通过优先获取的异质性知识、资源以及信息，扩宽了企业的创新视角，整合了网络中不相关元素成为创新元素的可能性，进而增加企业的可用资源储备，以及解决问题的能力。❶综上所述，本书做出如下假设：

H3：网络位置权力对企业创新能力有正向影响。

四、共同愿景与企业创新能力

共同愿景是联盟伙伴间黏结机制的纽带，其主要关注联盟成员间价值观、战略目标以及抱负的相似程度，并帮助不同联盟成员的知识整合与内化。在共同愿景下，联盟成员有着高度一致且相互兼容的目标，愿意在互利性前提下进行资源的投入与共享，并在联盟的管理框架下接受结果、知识分享和利益分配不确定性的风险。例如，古拉蒂（Gulati）认为，共同愿景有助于提升联盟伙伴间的协调水平，缓解联盟内部的资源约束所导致的成员间紧张关系以及利益冲突，进而以最小的精力获取联盟价值最大化，这不仅保证了技术资源的质量，同时也减少联盟成员的关系维护成本。❷

因此，共同愿景是建立长期且稳定的联盟关系的关键因素，同时也是获取联盟资源和知识的核心，这是因为共同愿景强调以长远的眼光来看待彼此关系，使联盟成员在相互信任的前提下杜绝联盟内部的机会主义行为。联盟成员间共同愿景的形成，将会促进联盟成员更加积极地参加联盟活动，提升知识交流与接触的频率，并在一致性目标的引导下，缓解联盟合作中的冲突和紧张关系，进而成为联盟成功的关键因素。具体地说，首先，共同愿景有助于增强联盟组合的凝聚力，联盟伙伴在共同愿景的指引下能够提升企业自身目标与联盟整体目标相协调的意愿与能力。其次，共同愿景的形成有助于对联盟形成的意义、联盟运行的战略规划、联盟预期

---

❶ RODAN S，GALUNIC C. More than network structure：How knowledge heterogeneity influences managerial performance and innovativeness［J］. Strategic Management Journal，2004，25（6）：541–562.

❷ GULATI R. Does familiarity breed trust? The implications of repeated ties for contractual choice in alliances［J］. The Academy of Management Journal，1995，38（1）：85–112.

结果和利益分配不确定性达成共识。在此作用下，对现有市场、技术和竞争对手等有关信息，采取更有针对性地响应策略，并使联盟组合能更好地适应外部环境变化并快速做出相应的战略反应。最后，技术创新本身就是一种高风险的行为，企业为获取超额利润而盲目追求高风险性的创新行为可能会加大技术创新失败的概率。尤其是在联盟组合中，联盟成员为避免承担技术创新失败的风险，倾向于遵从自身的行为规范，避免追求创新或为企业持续性经营带来负面效应的高风险行为。在此背景下，可能导致联盟成员并不愿意采取相对应的措施支持企业的创新行为，进而退出联盟组合。共同愿景的建立能使联盟成员意识到稳定的联盟关系有助于提高他们在市场上的竞争地位，加深他们对联盟合作关系和联盟意愿的认同，促进联盟伙伴间合作频率及参与深度，进而为联盟组合带来更高的创新绩效满意度。❶综上所述，本书做出如下假设：

H4：共同愿景对企业创新能力有正向影响。

第二节　联盟组合配置与知识耦合

知识耦合的本质是焦点企业与外围成员的互动过程，以及如何将隐性知识转为显性知识的过程，而知识的隐性、黏性以及难以感知性等特征，又强调了它与社会背景的不可分离性，因此，需要深入探究焦点企业与外围成员在知识互动和沟通中的耦合过程。本书将知识耦合划分为互补性知识耦合和辅助性知识耦合。其中，互补性知识耦合是指，当互补的知识元素组合在一起时，其新的知识元素的价值或有用性增加。辅助性知识耦合

❶ LI J J, POPPO L, ZHOU K Z. Relational mechanisms, formal contracts, and local knowledge acquisition by international subsidiaries [J]. Strategic Management Journal, 2010, 31 (4): 349-370.

则被认为是知识元素倾向于与其他相似知识元素进行组合的程度。

一、联盟伙伴多样性与知识耦合

资源基础观认为，技术创新是企业知识源转为企业竞争力的过程，而选择与外部伙伴的合作可以有效弥补内部创新源的不足。但是，由于联盟伙伴类型中资源和能力的差异，可能导致不同的联盟关系产生多样性和冗余知识。联盟伙伴多样性是一个综合的概念，不仅包括联盟成员本身性质的多样性，还包括联盟成员之间资源来源的多样性，如伙伴国际化程度的多样性、联盟经验的多样性、伙伴类型的多样性、伙伴资源的多样性、联盟功能的多样性以及联盟治理的多样性等。联盟伙伴多样性程度保证了企业可获取知识的相对新颖性与异质性，同时增加了联盟网络中知识组合的数量和种类。此外，多样性的知识源也给企业提供了各种解决问题的启发式方法，同时还可以挖掘新知识组合运用的探索式情景。

知识经济背景下，组织的独特性地位和身份在于其知识创造能力和知识使用能力之间的差异性。知识耦合是一个过程，它是将获取的异质性知识经过融合、吸收、共享，进而共同创造出新知识的过程。一方面，已有研究表明，企业之间所具有的相互辅助性，会对知识元素的如何运作具有相似性的理解，进而在旧有或现有解决方案的"邻居"中寻找新的解决方案来加以辅助。同时，多样的相似性知识领域之间的耦合，其所产生的高吸收能力，为这些领域提供了重要的知识基础。因此，多样的知识元素之间所拥有的知识组合，可以使其在企业所占据的"相似"技术领域中产生有用的、高质量的创新发明。另一方面，知识基础观点认为，联盟组合是"知识处理系统"或"隐性知识池"，它为联盟成员之间提供了市场上无法交易或者无法独立开发的学习和交流平台。在这个平台下，联盟成员之间分享各自的关键技术、信息和相关资源，提高知识的互补性。在彼此共享自身的特长知识的基础上，联盟组合将所获取的异质性知识内在化，提高组合的知识储量，进而完成新知识的创造过程。多样性的联盟伙伴有助于企业充分利用联盟机会，促进知识溢出效应，并加速显性知识或者隐性知识在联盟成员间流动的速度。这些都有助于促进联盟网络形成探索式学习和利用式学习交互的氛围，提升学习效率，从而加速联盟成员间的知识创新和知识创造。因此，联盟伙伴越多元，就越有利于联盟成员之间的知识耦合效果。例如，穆图萨米和怀特（Muthusamy & White）指出，战略联盟视角下的知识创造过程，实际上是联盟成员在其分享的知识上，进行开发整合，进而共同创造新知识，并将其用于管理实践中来获取创新优势的过程。❶英克潘和第纳尔（Inkpen & Dinur）也指出，联盟网络中的知识管理，重点关注的是动态的知识创造过程而不是静态的知识分类过程，它不仅强调联盟成员之间知识的共享和流动，更关注它们之间的有效整合、吸收和创造。❷综上所述，本书做出如下假设：

H5：联盟伙伴多样性对知识耦合（辅助性知识耦合 H5a，互补性知识耦合 H5b）有正向影响。

二、关系联结强度与知识耦合

知识基础观认为，知识是企业最重要的一种战略资源，是维持企业可持续性竞争优势的关键来源。但是，在资源和创新禀赋的双重限制下，企业想凭借自身技术和知识储备独立完成新知识的创造过程困难重重。随着"价值交换"向"价值共创"模式的转变，通过与外界交流互动并形成新

---

❶ MUTHUSAMY S K, WHITE M A. Learning and knowledge transfer in strategic alliances: A social exchange view [J]. Organization Studies, 2005, 26（3）: 415–441.

❷ INKPEN A C, DINUR A. Knowledge management processes and international joint ventures [J]. Organization Science, 1998, 9（4）: 454–468.

的关系纽带来共同实现知识突破，成为开放式创新范式下企业创造知识的主要手段之一。因此，企业开始打破内部边界，选择不同领域或者跨越不同认知结构的成员建立联结关系，并借此通过成员间知识、信息、资源等的充分共享，来达到降低知识创造的成本与风险的目的。联盟组合中的关系联结强度，主要是指沟通频率、维系时长以及情感依附程度等主体之间的关系特征。关系联结强度有助于提升联盟组合中的信任关系，促进主体之间异质性知识分享意愿，进而提升知识创造能力。

首先，从关系资本的角度出发，较强的联结关系意味着主体之间建立了较深的情感信任关系和承诺关系，在此基础上，使联盟成员间进一步形成亲密的合作伙伴关系。这种关系的存在，有助于减少知识流动过程中的封闭和敌视行为，进而对联盟成员间隐性知识的共享和新知识的创造产生积极影响。

其次，较强的联结关系还有助于在联盟组合中形成自由开放的知识交流氛围，提高联盟成员间知识共享的频率和效果，保证新知识创造的有效性。因为关系联结较强，一般会选择构建长期性和稳定性的伙伴关系，其主体之间的关系往往表现出信任程度高、沟通频率频繁以及资源依赖程度高等特征。只有彼此信任的伙伴关系，联盟成员才会愿意共享彼此的隐性知识，进而也才会树立长期导向的知识耦合意愿。

最后，联盟成员之间建立的联结关系越紧密，他们之间存在的较高的资源依赖性则会强化彼此之间的情感依赖性以及合作紧密性，使得联盟成员均有动机去维系这种信任关系。同时，为了实现自身目标，企业会采取既有利于联盟整体目标又有利于成员个体目标的互动行为，这种互动行为有助于显性知识和隐性知识的流动、转移和利用，进而实现新知识的创造过程。可以说，关系是维系企业生存与发展的一种重要的隐性资源，它在跨组织的知识耦合行为中发挥着必不可少的促进作用。综上所述，本书做出如下假设：

H6：关系联结强度对知识耦合（辅助性知识耦合 H6a，互补性知识耦合 H6b）有正向影响。

三、网络位置权力与知识耦合

占据了联盟组合中高位势权力，相当于有机会优先占据不同联盟成员间知识转移的通道，因此，也就有利于获取关键性、新颖性知识的先机。这种先机体现在：（1）通过控制联盟组合中知识的流向，进而获取搜索关键性知识的先机。（2）有助于识别联盟成员技术资源以及知识分享意愿，进而以最小的精力获取联盟价值最大化。其不仅保证了技术资源的质量，同时也减少了联盟成员的关系维护成本。（3）占据联盟组合中高位势权力，不仅有助于获取外部环境中的市场先机，还有助于识别联盟组合中外部企业的信息，控制与外部成员合作的优先决策权，从而扩大外部关键性知识获取的先机。由于这种接触异质性知识和识别新颖性知识的优势，其他企业更愿意信任高位势权力的企业并希望与此结成网络关系，以克服知识或资源的不足，并提高自身在市场上的声誉和地位。

相关研究已经表明，拥有高位势权力的企业要比占有低位势权力的企业更容易获取联盟组合中的关键性知识，主导低位势企业的知识分享、流动以及利用，进而激发联盟组合中知识耦合行为的产生。在联盟组合中，占据着网络位置权力的企业，意味着企业拥有丰富的知识流和伙伴联系，能够有机会接触更多异质性知识和资源的权力，并通过掌握知识重组的优先机会，识别并创造出更多新颖性和多样性并存的知识池。同时，越是具有较高的网络位置权力，就越能够控制组合中联盟成员的知识和经验的差异程度，识别多样性联盟伙伴的潜在优势，促进知识和资源在联盟伙伴之间的交互和共享，进而有利于联盟组合间的知识耦合行为产生。综上所述，本书做出如下假设：

H7：网络位置权力对知识耦合（辅助性知识耦合 H7a，互补性知识耦合 H7b）有正向影响。

四、共同愿景与知识耦合

企业选择不同领域的合作伙伴结盟，在开放式创新环境下实现资源和知识的共享，这不仅降低了企业被先验知识锁定的不确定性和风险性，还有助于对多样化知识和资源的转移、吸收以及再造，实现创新理念和解决方案的更新，提升新技术进一步开发的可能性。在构建联盟组合的过程中，联盟成员之间共同愿景的形成，不仅有助于增加企业获取异质性资源的数量，同时还有助于企业与不同领域的伙伴之间产生知识交互和知识耦合的可能性，进而为提升企业的创造力和学习能力打下坚实的基础。因此，联盟成员间共同愿景的形成是联盟组合进行知识耦合的重要前提。

一方面，共同愿景有利于提高联盟成员对相似知识或已有知识进行组合的意愿。当联盟成员之间建立了较高水平的共同愿景时，联盟成员对彼此的联盟行为持有积极的心理预期，其所感知的机会主义行为风险也相应较小，因此联盟成员会倾向于减少对联盟组合的防范和控制，采取更为积极的开放态度，共享利用式创新所需的信息、流程、工艺等相似知识，提升辅助性知识耦合的潜力。

另一方面，共同愿景能够有效降低联盟成员对异质性知识进行组合的难度。与单一的联盟方式不同，联盟组合在管理风格、组织响应、内部任务惯例等方面存在较大的差异，因此，联盟组合需要更加密切以及多元的交流方式，才能实现对联盟成员的异质性知识的整合和吸收。共同愿景建立的基础是联盟成员通过频繁的接触而选择的相互信任的联盟关系，它不仅有利于减少联盟成员对联盟伙伴机会主义行为的担心和异质性知识泄露的担忧，同时还有利于促使联盟成员之间知识共享的渠道与频率，拓展联盟组合内部知识交流的广度与深度，进而提升技术创新所需的知识总量，减低联盟成员间互补性知识耦合难度并提供良好的外部环境。综上所述，本书提出如下假设：

H8：共同愿景对知识耦合（辅助性知识耦合 H8a，互补性知识耦合 H8b）有正向影响。

第三节　知识耦合与企业创新能力

从知识基础观的视角来看，企业技术创新实际上就是知识吸收、知识整合、知识利用以及知识创造等一系列过程。因此，新知识的创造决定了企业创新水平的高低。联盟成员间紧密的知识耦合是企业技术创新火花产生的源泉，是促进知识整合、利用以及最终实现企业良好创新绩效的根本手段。反之，联盟成员间建立知识壁垒、限制知识流动、隐藏已有知识作为溢价能力，是导致联盟组合失败的重要原因。

辅助性知识耦合被视为以相似知识元素来整合知识和技能。在这些相似知识的拥有者之间，知识耦合需要经历相似的"特定知识领域的含义和挑战"（know-whats）和相似的"理解含义和挑战之间的因果关系"（know-hows）的过程。此外，新知识与企业的现有知识越相似，在企业吸收能力的影响下，新知识就越容易被理解、吸收和应用。此外，具有类似知识领域等经验可能会使搜索过程更具有可预测性和有效性。这些论点表明，辅助性知识耦合（特别是技术知识之间的耦合）有助于现有知识的交流和组合，并鼓励对已有知识的利用。同时，企业之间所具有的相互辅助性，会对知识元素的如何运作具有相似性的理解，进而在旧有或现有解决方案的"邻居"中寻找新的解决方案加以辅助。辅助性知识耦合具有高度冗余性特征，而这种知识冗余性减少了创造全新知识的机会，因此不太可能产生探索式学习。这些论点表明，辅助性知识耦合有助于利用式创新，但是不太可能促进探索式创新的产生。另外，相似性知识领域之间的耦合，其所产生的高吸收能力为这些领域提供了重要的知识基础。因此，知识元素之间所拥有的知识组合，可以使其在企业所占据的"相似"技术领域中产生有用的、高质量的创新发明。另外，辅助性知识耦合也源自专业化知识，这种专业化知识主要是通过本领域内更为广泛的专业技能。知识池中的功能冗余（使用具有相似属性的不同元素之间的能力），会形成同一背景下不同选择的能力，并在更广泛的应用领域中提供知识元素属性的更好理解。例如，雷维利亚和比列纳（Revilla & Villena）研究了供应商与用户间合作关系，发现辅助性知识耦合有助于供应商对所形成的新知识进行反复性吸收和应用，并通过将隐性知识转化为显性知识，避免知识创造过程中的重复性工作，促进供应商与用户形成高效的工作和新知识的开发活动。❶

然而，互补性知识耦合与前者不同，互补性知识耦合（尤其是科学互补性）则可以通过试验新能力和新技术来促进探索式创新。因此，获得互补性知识有助于扩大发明搜索的范围，进而有助于丰富创新研发的效率。但是，它也有可能增加知识耦合的成本。互补性知识耦合中，对互补性技术活动或互补性科学等知识领域的集成可能需要付出大量的时间、人力等成本，因为它比辅助性知识耦合中对相似知识领域的集成更复杂和更具挑战性。但是，当企业与伙伴之间具有知识互补行为时，他们拥有的共同的知识储备，有助于知识耦合过程中企业之间的沟通和协调。此外，广泛领域的共同知识还可以帮助各方了解独特但互补的知识集的价值。这些情况有助于将互补的知识存量整合到企业的耦合过程中，从而有助于提高创新

❶ REVILLA E, VILLENA V H. Knowledge integration taxonomy in buyer-supplier relationships: Trade-offs between efficiency and innovation [J]. International Journal of Production Economics, 2012, 140（2）: 854-864.

能力。另外，与外部知识进行互补，它的标签主要是"冒险""探索""跨界""灵活"等，其实是对合作伙伴知识进行大幅度的整合过程，在这过程中，可以产生新的创意和原创性的解决方案。互补性知识耦合本质上是跨界搜寻、吸收外部知识、深度整合并创造新知识的过程。首先，随着互补性知识耦合的推进，主体之间对相关领域的知识和伙伴所携带的知识均已有深入了解，并在此基础上，能更为高效地识别出外部新颖性的异质性知识源。其不仅能搜索到高质量、前沿的信息和知识，同时还有助于主体之间构建高效的知识共享平台。其次，互补性知识耦合强化了对本领域的知识和伙伴所携带的知识的理解和掌握，但主要目的是对合作伙伴中的知识进行再创造，包括识别外部知识、同化外部知识以及融合外部知识。互补性知识耦合强调创造和学习自身完全不具备的新技能或者新知识，虽然这样有可能给企业带来较高的不确定性或者风险性，但是，其新知识和新技能的创造和重构，显然更有利于技术创新活动的突破。当企业与联盟成员之间的知识互补性较高时，也增强了企业有效利用新信息的能力。综上所述，本书提出如下假设：

H9：知识耦合（辅助性知识耦合 H9a，互补性知识耦合 H9b）对企业创新能力有正向影响。

第四节　知识耦合的中介作用

联盟组合对创新能力或创新绩效的中介作用主要体现在知识吸收、知识获取、知识利用等。但事实上，分散、无序、冗余、驳杂的知识难以在企业创新体系中发挥作用，只有将知识整合并创造出新的知识体系后，才能有助于企业核心竞争力的提升。这些探讨都是从知识基础观视角对其进行的研究，强调知识耦合对企业创新绩效的重要作用。不过，现有文献在探讨知识耦合的相关研究时，往往是从企业内部视角出发，将知识耦合作为企业创新的前置影响因素进行探究。❶知识耦合在这其中的作用，主要是对不同性质、不同属性、不同结构的知识进行融合，进而形成新概念、新架构或者新工艺，为企业创新提供所需资源和技术。

但是，近年来，一些文献从外部视角出发，认为内外部知识的有效融合才有助于企业创新能力的提升。这些研究认为，企业竞争优势的来源不仅是对内部知识库的充分利用，同时更加强调外部知识源的整合。一方面，企业往往掌握着进行创新所需专项技术的核心知识；另一方面，由于规模、资源和创新禀赋的限制或者经济考量，企业又不可能掌握创新所需的所有关键知识和技术，所以想通过自身的技术和知识储备独立完成创新活动困难重重。因此，企业就必须摒弃既有的范式，不断与外界交流，通过收集新的技术和市场信息，系统整合、规划、配置以及重构内外部资源和能力，在此基础上发现创新的机会窗口和未来主导技术范式。例如，科多玛（Kodama）以日本消费电子、通信设备、半导体和移动电话服务的案例研究为例，阐明了日本优秀企业竞争力的来源，研究发现：跨组织边界的知识融合有助于企业动态地整合内部和外部的多样性知识元素，更新累积的路径依赖的知识，进而有助于提升企业技术创新和商业模式创新。这些研究表明，企业不仅需要组织学习、经验传授、知识分享等方式获取知识，还需要将这些经验、技术等融合，形成有机的知识体系和动态的知识过程，才能有助于企业形成持续性的创新优势。❷综上所述，本书提出如下假设：

---

❶ FELDMAN M P. Knowledge complementarity and innovation [J]. Small Business Economics, 1994, 6（5）: 363–372.

❷ KODAMA M. Boundaries innovation and knowledge integration in the Japanese firm [J]. Long Range Planning, 2009, 42（4）: 463–494.

H10：辅助性知识耦合在联盟组合配置（联盟伙伴多样性 H10a，关系联结强度 H10b，网络位置权力 H10c，共同愿景 H10d）和企业创新能力之间起中介作用。

H11：互补性知识耦合在联盟组合配置（联盟伙伴多样性 H11a，关系联结强度 H11b，网络位置权力 H11c，共同愿景 H11d）和企业创新能力之间起中介作用。

第五节　联盟管理能力的调节作用

本书将联盟管理能力划分为合作前瞻能力和关系治理能力两个维度。合作前瞻能力是指先于竞争对手发现联盟机会并采取行动的能力，即为联盟组合提供潜在的机会，辨别新兴技术发展的趋势和方向，推动信息和知识在联盟组合内部的传播与扩散，并摆脱已有束缚创新理念的规则和程序；关系治理能力是指组织参与行为惯例的程度，即通过完善非正式的自我强制保护措施，实现联盟的柔性管理能力的构建，提升联盟关系的依赖性和降低联盟成员的机会主义倾向。

一、合作前瞻能力的调节作用

作为联盟组合配置实现知识耦合机制的前提，合作前瞻能力可以充分认识和利用联盟组合中的资源和能力，辨别新兴技术发展的趋势和方向，推动信息和知识在联盟组合内部的传播与扩散，为知识创造活动的产生营造良好的环境，提升企业的创新潜力。

（一）合作前瞻能力调节联盟伙伴多样性与知识耦合之间的关系

随着焦点企业对不同联盟组合战略的配置，联盟组合的复杂性和不确定性也会增加，这使联盟伙伴之间的差异（如在追求的目标或组织文化方面等）也会增加产生分歧的可能性。当产生冲突时，联盟伙伴会倾向于保护其资源、能力和知识。因此，若想成功利用联盟组合配置所带来的知识创造潜力，还需要有较高的联盟管理技能。为了确保联盟伙伴之间的相互理解，以及预防联盟组合中发生潜在冲突的可能性，企业的一项重要任务是选择与联盟组合中战略兼容的合作伙伴。因此，具有高度前瞻性的联盟组合，会定期主动地监控其环境，从而比竞争对手更及时、更可靠地获取合作机会的信息。

此外，虽然多元化的联盟伙伴关系为联盟组合搭建了获取新知识、新技术和新信息的通道，但这些潜力却难以得到充分挖掘和利用，从而很难为联盟组合中知识耦合提供强有力支撑。随着合作前瞻能力的提高，嵌入多元联盟组合的新知识、新技术和新信息得到充分利用和整合。例如，阿南德、奥里亚尼和瓦索洛（Anand，Oriani & Vassolo）认为联盟中动态能力是外部资源的整合过程和联盟内部惯例的形成过程，企业需要在这过程中保持对外界不确定性和风险的敏感性，并以此感知和掌握多样性联盟伙伴在知识创造过程中所带来的新机遇。❶范钧、郭立强和聂津君研究也表明，对网络能力的重置和运作，在多样性知识获取和创造过程中起着关键作用。❷因此，联盟组合能快速整合和利用这些资源来推动知识耦合进程。因此，本书提出如下假设：

H12：合作前瞻能力在联盟伙伴多样性与知识耦合（辅助性知识耦合

---

❶ ANAND J，ORIANI R，VASSOLO R S. Alliance activity as a dynamic capability in the face of a discontinuous technological change［J］. Organization Science，2010，21（6）：1213-1232.

❷ 范钧，郭立强，聂津君. 网络能力、组织隐性知识获取与突破性创新绩效［J］. 科研管理，2014，35（1）：16-24.

H12a、互补性知识耦合 H12b）的关系中起正向调节作用，即合作前瞻能力越高，联盟伙伴多样性对辅助性知识耦合的作用越显著；合作前瞻能力越高，联盟伙伴多样性对互补性知识耦合的作用越显著。

（二）合作前瞻能力调节关系联结强度与知识耦合之间的关系

合作前瞻性是引导创新性、前瞻性和风险性的管理过程。该过程有助于引导联盟组合利用现有知识、鼓励对外部知识的整合，来进行联盟创新。因此，合作前瞻能力是决定和引导联盟组合中知识利用和整合过程的一种动态能力。信息处理理论认为合作前瞻能力为联盟提高了对分散的、驳杂的、冗余的类似知识和信息的过滤功能，有助于联盟组合在关注创新、新机会和新技术方面对类似知识和信息的凝练能力。关系联结强度作为知识转移的通道和多样性信息的重要来源，其开发和利用同样受到合作前瞻能力的深刻影响。关系联结强度之所以促进知识耦合，是因为其能够为联盟组合提供知识集成所需要的新信息和新知识。同时，还有助于降低交易成本、加快知识传播的速度，进而加快知识耦合的有效性和速度。

此外，面对技术范式转变与新兴技术挑战，合作前瞻能力有助于打破搜寻范围与知识结构对知识集成轨迹的束缚，克服"非此地发明"和"非此地销售"的思维定式，为联盟组合提供了参与技术融合、信息融合的机会，有效缓解不同区域、不同领域中知识交流停滞的困境。合作前瞻能力越强，从外界吸收的知识就越多，对外界环境变化的适应能力就越强。而联盟组合根据环境的变化进行前瞻性的、合理的资源配置，也就越有助于巩固和增强知识渠道来源的柔性，进而影响知识耦合中外部环境的稳定性。因此，本书提出如下假设：

H13：合作前瞻能力在关系联结强度与知识耦合（辅助性知识耦合 H13a、互补性知识耦合 H13b）的关系中起正向调节作用，即合作前瞻能力越高，关系联结强度对辅助性知识耦合的作用越显著；合作前瞻能力越高，关系联结强度对互补性知识耦合的作用越显著。

（三）合作前瞻能力调节网络位置权力与知识耦合之间的关系

在联盟组合中，具有网络位置优势的企业，可以通过行使权力来让网络位置较弱的一方接受他们的知识，而较弱的一方往往会由于对知识和资源的需求，而与较强网络位置权力的企业进行合作。同时，由于网络位置权力的作用，联盟组合中位置较弱的企业，其共享知识深度和宽度的意愿也得到提升，其中的隐性知识也可能转移到较强网络位置权力的企业身上。因此，网络位置权力对知识耦合具有一定的促进作用。然而，广泛的联盟间关系可能导致焦点企业对联盟组合的掌控难度提升，并带来过高的联盟成员关系维护和管理成本。同时，还会导致联盟组合中资源管理过程的分散化。所以，当联盟成员发生"搭便车"行为或机会主义行为时，会由于联盟成员间互惠程度或信任程度等的降低，而对联盟组合带来一系列负面影响，进而影响企业从联盟关系中获益的初衷。由于潜在的心理和社会资本，知识耦合同样存在较多的障碍，而相同的网络位置权力下，可能也会导致不同的结果。因此，企业有能力与组合中联盟成员进行知识交流与沟通，并理解联盟组合中知识池中的异质性知识，也是非常重要的。合作前瞻能力意味着企业可以构建大量的网络联系和知识流，可以接触更多新颖性、异质性知识的机会，识别并创造多样性知识池的先机，以及拥有更多的知识组合机会，进而达到知识耦合的目的。由于存在接触新知识和识别有价值知识的先机和优势，其他联盟成员更容易相信处于中心位置权力的企业，并与之建立关联，以克服知识冗余，提高声誉和地位。因此，拥有较高的合作前瞻能力，联盟组合中联盟成员间的冲突和障碍也可得到有效解决。由于存在较高的合作前瞻能力，位于网络位置权力优势的企业通常成为联盟组合中的领导者。这样的领导者得益于结构优势和先发优势，其相对地位高于联盟组合中其他联盟成员，并可以作为第三方监视和控制联盟成员的"搭便车"行为，并有效解决联盟成员之间的冲突以及稳定联盟组合关系，促进联盟成员之间的相互信任并促使知识的流动与共享，进而提升知识耦合的成功率。因此，本书提出如下假设：

H14：合作前瞻能力在网络位置权力与知识耦合（辅助性知识耦合H14a、互补性知识耦合H14b）的关系中起正向调节作用，即合作前瞻能力越高，网络位置权力对辅助性知识耦合的作用越显著；合作前瞻能力越高，网络位置权力对互补性知识耦合的作用越显著。

（四）合作前瞻能力调节共同愿景与知识耦合之间的关系

共同愿景主要解决两个问题：第一，共同愿景是合作各方普遍认同的未来图景，主要想解决"企业想创造什么"；第二，共同愿景是合作各方均期望达到的共同目标和方向，主要想解决"企业想走向何方"。愿景的共享有助于网络成员之间建立共同的目标和共同的组织惯例，提高网络成员对整体网络利益的自觉维护，激发网络成员形成自我学习的态度，进而积极搜索外部信息和资源来反哺网络组织。组织惯例反映出要经常扫描环境中的伙伴机会，并在出现这种机会时采取行动。而合作前瞻能力被认为是企业在竞争对手之前，发现并利用新的联盟机会，并采取行动的能力。因此，具有前瞻性的企业经常会寻找可靠的联盟伙伴，以及在文化上与焦点企业高度匹配的联盟伙伴。从知识基础观视角出发，通过对联盟成员能力的机会识别，可以为联盟组合提供潜在的机会，探索有关产品设计、概念和发展等新颖的和不同的想法，并摆脱已有束缚创新理念的规则和程序。当积极主动地与新的合作伙伴构建联系时，这些企业可以从更广泛的潜在合作伙伴中选择合适的联盟成员，并考虑到与不同的联盟成员进行合作的潜在风险性，从而使新的联盟伙伴与其现有的联盟伙伴充分匹配。焦点企业与联盟伙伴之间以及联盟组合中各个联盟伙伴之间的良好契合，有助于所有联盟伙伴之间的顺利互动和良好合作，进而对联盟伙伴之间的知识和资源进行有效整合。因此，通过开放各自的资源、能力和知识，从而有助于开发联盟组合配置中所蕴含的知识创造潜力。因此，本书提出如下假设：

H15：合作前瞻能力在共同愿景与知识耦合（辅助性知识耦合 H15a、互补性知识耦合 H15b）的关系中起正向调节作用，即合作前瞻能力越高，共同愿景对辅助性知识耦合的作用越显著；合作前瞻能力越高，共同愿景对互补性知识耦合的作用越显著。

二、关系治理能力的调节作用

对于作为联盟组合配置实现知识耦合机制的支撑机制，关系治理能力通过构建联盟组合中现有资源的灵活性、闲置资源的可利用性和潜在资源的可创造性与积累性等能力，进而有效支持联盟组合实施知识创造与合作创新活动。

（一）关系治理能力调节联盟伙伴多样性与知识耦合之间的关系

首先，关系治理能力被认为是企业联盟组合的综合治理能力。它体现在组织惯例中，用于协调联盟组合中不同联盟伙伴之间的策略、活动和知识流动。这些惯例活动包括旨在确定联盟伙伴之间的相互依赖关系、确定协同作用的领域以及在联盟伙伴之间的同步活动等。另外，对于不确定性非常高的联盟组合配置，关系治理能力是联盟组合在知识创造过程中适应外部动态变化的缓冲器：一方面，关系治理能力水平越高，各种创新资源之间的兼容性就会越强，联盟组合越易于应对知识创造过程中随时可能出现的不确定性因素；另一方面，关系治理能力有助于联盟调整资源、优化配置来应对知识创造活动中的不规则变化，实现各种资源以及联盟组合的最佳组合方式。

其次，随着焦点企业对不同联盟组合战略的配置，在多样性联盟伙伴之间确定相互依赖性和潜在协同效应，并采取行动，变得异常困难。具有强大的关系治理能力，并定期扫描联盟组合中重叠区域的企业，更有可能及时发现多样性联盟成员所带来的复杂性和不确定性，并从中识别相关的机会和风险。此外，在联盟伙伴之间定期地同步活动和传播时间敏感型信息，使企业能够有效利用联盟伙伴的协同效应，并避免在联盟组合中进行重复性工作。因此，企业能够应对联盟组合中不同配置战略所面临的日益复杂的情况，从而开发其创新潜力。另外，联盟组合关系治理还有助于企业管理不同的目标，以及减少联盟组合中的冲突。这一点尤其重要，因为在不同的联盟组合中，可能存在竞争性联盟目标和破坏性冲突，进而可能抑制知识创造潜力。为了抵消这些不良趋势及其影响，企业定期搜索和同步其联盟组合，能够提前发现潜在的冲突，并立即以建设性的方式处理这些冲突。而这又有助于增强创造力和经验，进而促进知识耦合。因此，联盟组合中较高的关系治理能力，有助于不同联盟伙伴之间的资源、能力和知识的流动和创造。

综上所述，关系治理能力反映了企业识别、配置和部署联盟组合中现有伙伴资源或关系的能力，使联盟以积极或反应性的方式快速应对市场机会或威胁，通过联盟战略决策的调整和柔性关系或资源的重组，克服路径依赖并顺利实现联盟知识创造目标的动态能力，进而提升企业的知识耦合能力。因此，本书提出如下假设：

H16：关系治理能力在联盟伙伴多样性与知识耦合（辅助性知识耦合 H16a、互补性知识耦合 H16b）的关系中起正向调节作用，即关系治理能力越高，联盟伙伴多样性对辅助性知识耦合的作用越显著；关系治理能力越高，联盟伙伴多样性对互补性知识耦合的作用越显著。

（二）关系治理能力调节关系联结强度与知识耦合之间的关系

关系治理能力弱化了联盟组合中跨组织"行政边界"的阻滞性，是企业获得与更多异质性知识接触的机会，实现知识转移与整合。同时，关系治理能力有助于强化联盟组合中联盟关系的合理利用，提升新颖性信息和异质性知识获取的质量，同时还可以增强联盟成员间的凝聚力，增强隐性知识的转移和交换效率。另外，较高程度的关系治理能力，还可以促进联盟成员间情感关系的发展，促使联盟成员投入联盟组合所构建的社会联系中，产生知识耦合行为。一方面，由于隐性知识的高度嵌入性，联盟成员间经验、诀窍、思维方式等隐性知识的获取、转移与整合过程，需要联盟组合中关系治理手段的必要支持；另一方面，联盟成员间的互动和联系加速了新知识的创造和形成。

此外，较高水平的关系治理能力还有助于增强联盟伙伴之间共同进行知识规划活动的频率，在达成共识的基础上，促进联盟伙伴间关系质量和知识转移的一致性，进而有利于知识创造过程中系统化能力的提升。同时，它还有助于增强联盟成员对联盟组合中共同文化、价值和信念的认同感，增进联盟成员间的沟通、适应和协调机制，提升知识耦合过程中的社会化能力。同时，联盟组合中强联结关系的存在，还会给联盟成员带来一定的外部压力，而这种压力在对联盟关系进行治理的前提下，可能会转化为内部动力，促使联盟组合对内部知识整合进行必要的调整，以适应联盟关系的发展。因此，本书提出如下假设：

H17：关系治理能力在关系联结强度与知识耦合（辅助性知识耦合H17a、互补性知识耦合 H17b）的关系中起正向调节作用，即关系治理能力越高，关系联结强度对辅助性知识耦合的作用越显著；关系治理能力越高，关系联结强度对互补性知识耦合的作用越显著。

（三）关系治理能力调节网络位置权力与知识耦合之间的关系

联盟组合具有动态演化的特性，其联盟结构也随着外部环境而持续变换。这就为企业运用联盟管理能力来推动网络位置权力与知识耦合之间的关系提供了机会。在复杂的外部环境中，往往需要选择最优的合作伙伴来缔结联盟组合。通过与不同专业领域和专业经验的合作伙伴建立紧密的关联，以汇集大量的异质性知识，进而使联盟组合成为知识流动和知识共享的"集散地"。同时，还可以确立企业在联盟组合中的位置"合法性"和功能重要性的地位，进而跨越新联盟组合中的"不平等层级"。一方面，通过关系治理能力，有助于拓展联盟关系范围、质量，或者进一步重构联盟组合，从而将分散的知识进行整合，形成独特的联盟优势，增加其联盟节点的吸引力，提高企业在联盟组合中的权威性，促进企业占据联盟组合中更强的网络位势和更多的结构洞。另一方面，通过关系治理能力，企业可以有效协调和管理不同联盟成员之间的联盟活动，并通过对联盟成员间利益冲突的调解，来优化联盟组合的关系和结构布局，为在联盟组合中树立威信奠定基础。尤其是加强联盟组合中关键节点之间的联系，有助于在组合中形成"声望效应"，提升企业在联盟组合中的声望和地位，进而获取更多的知识和资源。此外，处于优势位置权力的节点企业，会成为联盟组合中资源分配的中心或者"集散地"，这些节点在联盟组合中不仅扮演着信息接收者的角色，同时还扮演着信息传递者的角色。因此，通过关系治理能力，处于优势网络位置权力的企业，不仅能占据联盟组合中更加多样性的知识和信息，还可以发挥"先行优势"，率先对组合中核心的"知识源"实施控制，进而实现知识的集成与创造。因此，本书提出如下假设：

H18：关系治理能力在网络位置权力与知识耦合（辅助性知识耦合 H18a、互补性知识耦合 H18b）的关系中起正向调节作用，即关系治理能力越高，网络位置权力对辅助性知识耦合的作用越显著；关系治理能力越高，网络位置权力对互补性知识耦合的作用越显著。

（四）关系治理能力调节共同愿景与知识耦合之间的关系

知识耦合与联盟组合中的共同信念或行为规范密切相关，因此，知识耦合成功的前提，是以联盟组合中存在共同的愿景为基础的。在联盟组合中，联盟成员更愿意与持有共同价值观、愿景和目标的联盟伙伴进行知识的交流和信息资源的共享，因为其可以预知到联盟伙伴与自己对知识利用的目标相一致。但是，如果联盟组合中不存在共同价值观、愿景和目标等信任关系，那么联盟伙伴就不愿意将自己的隐性知识显露出来，更不愿意将自己的隐性知识转移给不信任的联盟一方。这是因为，信任会减少联盟成员间的隔阂、矛盾以及机会主义行为的倾向。因此，共同目标和价值观会有助于知识和信息的传播，并使出现的问题易于被解决。但联盟成员间的不信任或者存在竞争关系，会由于对知识泄露的担心和避免联盟成员的机会主义行为，而在知识融合过程中对知识和信息采取保守的行为。针对此问题，关系治理能力有助于解决联盟组合中的权力纠纷、文化隔阂以及权力角色的认知等矛盾，促进联盟成员在文化和认知上的协调，推动知识主体间的知识传递、利用以及整合。同时，关系治理能力还有助于消灭联盟成员间的误会，减少或消灭联盟组合中的信息不对称，促进知识和信息在联盟边界中无阻碍的流动。因此，较高的关系治理能力意味着联盟组合在共同目标、集体诉求等愿景下，可以为联盟成员间知识耦合提供一种"黏合"机制，降低知识交流和知识融合的成本，并提高其参与知识创造的满意度。[1] 因此，本书提出如下假设：

H19：关系治理能力在共同愿景与知识耦合（辅助性知识耦合 H19a、

---

❶ DEGENER P, MAURER I, BORT S. Alliance portfolio diversity and innovation: The interplay of portfolio coordination capability and proactive partner selection capability [J]. Journal of Management Studies, 2018, 55（8）: 1386–1422.

互补性知识耦合 H19b）的关系中起正向调节作用，即关系治理能力越高，共同愿景对辅助性知识耦合的作用越显著；关系治理能力越高，共同愿景对互补性知识耦合的作用越显著。

第六节　联盟组合配置对企业创新能力作用机制的概念模型

综合以上的研究分析，本书得出联盟组合配置影响企业创新能力的概念模型，如图 3–1 所示。联盟伙伴多样性、关系联结强度、网络位置权力和共同愿景会对企业创新能力产生影响；同时，联盟组合配置也会对知识耦合（辅助性知识耦合和互补性知识耦合）产生影响，进而对企业创新能力产生影响。换句话说，联盟组合配置对企业创新能力的作用机制是通过知识耦合实现的。最后，联盟管理能力（合作前瞻能力和关系治理能力）对联盟组合配置各维度与知识耦合之间的关系起着调节作用。

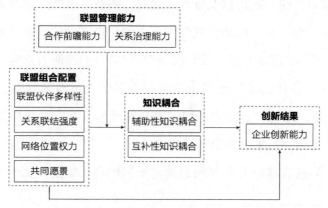

图 3–1　联盟组合配置影响企业创新能力的概念模型

第七节　本章小结

在上一章对案例的探索性研究的基础上，本章得出有关联盟组合配置（联盟伙伴多样性、关系联结强度、网络位置权力、共同愿景）影响企业创新能力作用机制的初始假设命题，并通过总结和借鉴已有文献，对联盟组合配置、知识耦合和企业创新能力之间的关系进行深入的研究和探索，试图建立三者之间的理论模型，进一步为探索自变量、中介变量以及因变量之间存在的逻辑路径奠定理论基础，从而回应本书的研究目的。

第四章　联盟组合中企业创新能力因子分析

　　为了进一步阐述联盟组合配置、知识耦合和企业创新能力之间的内在机制，在典型案例研究和理论模型构建的基础上，本书将利用研究方法与设计、实证研究分析方法等，对本书的理论假设和模型进行验证与修正。由于本书的研究对象是联盟组合，且所涉及的联盟组合配置、知识耦合、联盟管理能力等关键构念，大多数来源于企业内部资料，对外的公开数据较少且获取难度较大。因此，本书通过对企业发放问卷的形式来收集相关数据。另外，考虑到问卷从设计到收集的过程对本书研究质量具有较大的影响性，因此，本章对问卷设计、研究变量测量、数据收集等方面进行了较为详细的阐述，以此为下一章的实证分析打下基础。

第一节　问卷设计

　　问卷设计是问卷调查研究的主要工作之一，其是否科学、合理会影响整个调查研究过程的开展与推动成效。此外，问卷设计的合理性也是问卷变量之间的信度和效度、数据有效性、结果可靠性的重要基础。已有研究比较详细地阐明了问卷设计的有关要求，例如，问题应具体明确，语义需避免多重含义、避免存在某种明显的倾向性或否定性，提问需以中立方式进行，还要注意问题的数量、质量、先后顺序等。因此，为了使研究对象对问卷内容理解上清晰明了，本书设计问卷时力求降低题项设计、表达方式和结构安排等方面的模糊歧义，进而为后续对本书概念模型的验证提供可靠的数据保证。

一、问卷设计过程

本书以问卷调查的方式获取联盟组合的相关数据，调查问卷的内容主要包括：自变量联盟组合配置、中介变量知识耦合、调节变量联盟管理能力、因变量企业创新能力以及控制变量企业基本信息。同时，在问卷设计的有效性和可靠性的指导下，将问卷设计过程划分为三个步骤。

（1）文献回顾与整合。在回顾联盟组合配置、知识耦合、联盟管理能力以及企业创新能力等方面的相关文献基础上，借鉴国内外权威期刊上被广泛使用的量表作为参考，初步形成本书的问卷初稿。另外，需要注意的是，在借鉴国外成熟量表时，还需要考虑其内容效度的问题，即问卷题项的语言、文化等特征需要嵌入本国环境，并以调查研究的实际需要对问卷进行修订。

（2）在前期访谈基础上，对问卷题项进行修订与完善。访谈的主要目的有三个：①了解研究思路是否与实际生产情况相符合；②研究问题是否脱离实际情况；③题项所对应的概念范畴是否准确地反映了企业现实情况。同时，本书将前期访谈分为两个部分：学者专家探讨和企业界专家意见。学者专家探讨主要是针对变量之间的逻辑关系问题，与本学院新兴技术研究所内的教授及其博士研究生进行深入的意见交流与征询，并在获得反馈意见后，对问卷题项中存在的语言、归类等问题进行修订与完善。企业界专家意见主要是检验企业界人士对修订后的问卷是否存在理解上的偏差，进而检验问卷设计的准确性和普适性。本书所选择的企业全部是构建了联盟合作形式的核心企业，如四川九洲电器集团、四川东方电气集团、四川长虹电子控股集团、成都建工集团、宜宾丝丽雅集团等多家企业。通过与企业高层管理者或研发部门经理之间面对面的访谈，广泛听取他们对联盟组合配置、知识耦合、联盟管理能力以及企业创新能力的理解，并根据被访者的反馈意见，进一步修订题项中存在的逻辑不清、用语含糊、句式结构不畅等细节问题。

（3）小样本预测试，验证本书问卷中题项表述和指标设计的合理性。利用笔者导师承担的科技部重点项目"四川省创新方法推广与应用"所带来的便利，本书选择成都、德阳、绵阳、宜宾等地的企业发放调查问卷。前后共发放问卷 125 份，其中，剔除缺项等无效问卷，最终获得有效问卷 96 份，回收问卷的有效率为 76.8%。在此基础上，对回收样本进行预测试，其目的是初步分析测量变量的信度和效度，对出现的异常数据进行清理，并删除不符合要求的测量题项，从而确定本书的最终问卷。

二、问卷防偏措施

由于本书采用的是李克特 5 点量表来测度问卷题项，因此其主观性可能会对问卷测度的有效性产生偏差。为了降低非准确性回答对本书结果的影响，例如有关题项问题记忆不清、题项理解不明、涉及题项不愿回答等问题，本书采用以下措施对其进行防范，以减少可能出现的应答偏差。

（1）调研对象的选择上，尽量要求已在企业工作三年以上的中高层管理人员，且较为熟悉本企业的外部联盟合作情况。同时，填答者对问卷中题项问题不是很清楚或者存在疑问的部分，应立即向企业有关知情人员询问后再作答。同时，为了防止问卷中出现诱导性假设，问卷将企业创新能力放在自变量题项、中介变量题项、调节变量题项的后面，进而避免问卷出现因果暗示。

（2）为了减少填答者出现主观记忆偏差而使问卷结果与实际情况出现不符，本书的问卷题项均针对的是企业现阶段情况变化。

（3）问卷题项需避免涉及商业机密或个人情况等敏感信息，同时，还需要向调研对象明确承诺，本调研问卷仅限于学术研究，而不会用作商业目的，并对回收后的问卷信息予以保密。

第二节　研究变量度量

本书所涉及的变量包括以下几个部分：一是自变量联盟组合配置的测量，由联盟伙伴多样性、关系联结强度、网络位置权力、共同愿景四个变量组成；二是中介变量知识耦合的测量，由辅助性知识耦合和互补性知识耦合两个变量组成；三是调节变量联盟管理能力的测量，由合作前瞻能力和关系治理能力两个变量组成；四是因变量企业创新能力的测量；五是控制变量企业基本信息的测量，企业基本信息由企业年龄、企业规模、联盟所有制、研发强度等组成。另外，本书所采用的变量均是来源于国内外有关文献的成熟变量。除控制变量外，变量的每项测量指标均采用李克特5点量表来衡量，1表示很不同意，5表示很同意。

一、自变量：联盟组合配置

本书的自变量是联盟组合配置。根据已有文献对其维度的划分和概念内涵的有关解释，本书将其划分为四个维度，分别为：联盟伙伴多样性、关系联结强度、网络位置权力、共同愿景。

（一）联盟伙伴多样性

由于联盟伙伴类型中资源和能力的差异，可能导致不同的联盟关系产生多样性和冗余知识。联盟伙伴多样性是联盟成员之间知识、能力、文化等的差异程度。联盟组合中伙伴差异程度保证了企业可获取知识的相对新颖性与异质性，同时增加了联盟中知识组合的数量和种类。因此，对于联盟组合来说，选择合适的合作伙伴十分重要，而联盟组合形成的初衷也是从合作伙伴处获取或学习新技能。联盟伙伴的组成也包含多种形式，例如大型跨部门企业之间的结盟、营利性企业和非营利性组织之间的结盟（如大学和政府机构等），而这些不同类型的组织进一步丰富了联盟组合不同的资源池和能力池。同时，与不同规模、结构和战略的组织构建联盟组合，也增加了企业搜索范围、学习能力以及资源获取的广度，进而减少核心刚性的威胁。

关于联盟伙伴多样性的具体测度指标，国内外学者的研究也相对比较成熟，形成了一系列系统的测度指标。例如，拉维、豪恩席尔德和坎纳（Lavie，Haunschild & Khanna）对联盟伙伴的组织多样性与非股权联盟创新绩效之间进行了实证研究，并设计了一套测度联盟伙伴多样性的量表，主要从管理风格、组织响应、内部任务惯例以及市场惯例四个维度进行测量，共有 17 个具体题项。❶ 潘加尔卡和吴（Pangarkar & Wu）从联盟伙伴之间的活动类型、联盟形式、伙伴嵌入、伙伴类型四个角度来测量联盟伙伴多样性。❷ 同样，戴思特斯等（Duysters，et al）也选择了大学机构／研究中心、风险投资人／天使投资、企业网络组织／协会、政府机构／法定委员会、孵化中心、科技园、主导客户等伙伴类型，来测量联盟伙伴多样

---

❶ LAVIE D, HAUNSCHILD P R, KHANNA P. Organizational differences, relational mechanisms, and alliance performance ［J］. Strategic Management Journal, 2012, 33（13）: 1453-1479.

❷ PANGARKAR N, WU J. Alliance formation, partner diversity, and performance of Singapore startups ［J］. Asia Pacific Journal of Management, 2013, 30（3）: 791-807.

性程度。❶ 本书的联盟伙伴多样性主要是针对联盟组合中联盟伙伴数、联盟成员异质性、区域多元性、产业多元性、业务差异性等。因此，在已有成熟量表的基础上，联盟伙伴多样性的题项主要由以下5个题项组成，如表4-1所示。

表4-1　联盟伙伴多样性的测量量表

变量	测度	题项内容	题项来源
联盟伙伴多样性	联盟伙伴多样性1	经常保持联系的联盟伙伴数量较多	拉维、豪恩席尔德和坎纳，潘加卡和吴等
	联盟伙伴多样性2	非企业组织在联盟成员中占据多数	
	联盟伙伴多样性3	联盟成员的地理区域分布较广	
	联盟伙伴多样性4	核心企业的主营业务产业链较多元	
	联盟伙伴多样性5	联盟组合中业务类型存在较大差异	

（二）关系联结强度

判断关系联结强度有三个指标：关系存在的互动性、合作频率的多发性以及合作强度的持久性。例如，从技术扩散角度来看，关系联结强度有助于在联盟成员间分享非解码的、复杂的知识；从关系质量角度来看，关系联结强度有助于提高信息交换的质量，还可以提升联盟成员间的信任关系和资源共享频率。因此，在测度关系联结强度时，也大致可以从关系互动、合作频率以及合作强度等角度给出不同的测度方法。例如，卡帕尔多（Capaldo）在测度关系联结强度时，就从时间、资源、社会三个层面出发，将关系联结强度的测度维度划分为现有合作关系的存续时间、现有合作关系的交流频率以及现有合作关系的联系强度等。❷ 詹坤、邵云飞和唐小我测量网络关系时，将之划分为互动关系、共同行为规范、互动交流以及长

---

❶ DUYSTERS G，HEIMERIKS K H，LOKSHIN B，et al. Do firms learn to manage alliance portfolio diversity? The diversity-performance relationship and the moderating effects of experience and capability［J］. European Management Review，2012，9（3）：139-152.

❷ CAPALDO A. Network structure and innovation：The leveraging of a dual network as a distinctive relational capability［J］. Strategic Management Journal，2007，28（6）：585-608.

期的业务关系等维度。❶ 因此，在已有成熟量表的基础上，关系联结强度的题项主要由以下 4 个题项组成，如表 4-2 所示。

表 4-2　关系联结强度的测量量表

变量	测度	题项内容	题项来源
关系联结强度	关系联结强度 1	在联盟合作中，接触频率高，持续时间长	卡帕尔多，詹坤、邵云飞和唐小我等
	关系联结强度 2	联盟组合内部的联系，彼此都非常满意	
	关系联结强度 3	联盟成员愿意共同解决出现的问题	
	关系联结强度 4	联盟成员之间，彼此都相互信任	

（三）网络位置权力

网络位置意味着在联盟组合中资源获取的数量、质量以及异质性，同时还有助于提升新产品开发中外部知识获取的潜在机会。因此，网络位置权力决定着获取外部信息和知识的权力。通过占据联盟组合的中心性位置，企业就有可能获取所需的战略资源。这些资源通过提供新想法产生所需的外部信息，推动企业相关的创新活动。网络地位中的位置权力决定着网络结构位势是否具有稳定性或灵活性等特征。处于较高位势的网络位置权力，也意味着企业在联盟组合中的中心性优势，不仅表明企业在联盟组合中处于支配地位，还表明其具有对外部市场机会或威胁的优先感知权，进而拥有获取关键性、新颖性知识的先机。企业在联盟组合中的较高位置权力，又决定了企业可以控制、管理联盟成员之间的冲突，进而达成新的联盟规范和合作共识。因此，在探讨网络位置权力时，更多的是从企业所在网络中的核心位势、结构位势等角度出发，并给出相应的测度指标。例如，芮正云和罗瑾琏从中心性和中介性两个维度来描述网络位置，并从网络中的声望、资源控制力、依赖程度等角度对其进行测度。❷ 魏龙和党兴

---

❶ 詹坤，邵云飞，唐小我.联盟组合网络特征对创新能力影响的实证研究［J］.科学学研究，2017, 35（12）: 1910-1920.

❷ 芮正云，罗瑾琏.新创企业联盟能力、网络位置跃迁对其知识权力的影响：基于知识网络嵌入视角［J］.管理评论，2017, 29（8）: 187-197.

华则主要从中心性、结构洞以及连接强度三个角度对网络位置权力进行测量。[1]因此，在已有成熟量表的基础上，网络位置权力的题项主要由以下4个题项组成，如表4-3所示。

表4-3　网络位置权力的测量量表

变量	测度	题项内容	题项来源
网络位置权力	网络位置权力1	本企业在联盟组合中声望较高	芮正云和罗瑾琏，魏龙和党兴华等
	网络位置权力2	联盟成员需要通过本企业才能获取所需知识	
	网络位置权力3	本企业控制着联盟组合中知识资源的分配	
	网络位置权力4	本企业退出联盟组合对联盟成员影响较大	

（四）共同愿景

共同愿景是联盟合作的基石，它的形成可以有效释放联盟合作过程中信息交换、资源共享的隐含价值，消除联盟合作过程中的负面效应。同时，它还有助于加强联盟成员之间的互动过程，促进联盟成员之间信任关系的形成，增加知识和信息共享的意愿。在联盟组合背景下，共同愿景被解读为联盟成员在联盟目标、文化认同性、价值观等特质的相似程度。共同愿景的形成，有助于塑造联盟组合的共同价值观和行为体系，提升联盟成员参与联盟活动的积极性和交流频率，如知识流动、信息共享、资源整合等。具体来说：第一，为避免联盟目标出现矛盾，在联盟成员之间设立共同一致的期望；第二，为促进联盟成员之间合作交流的顺畅性，通过设置共同语境的联盟环境，协助联盟成员凝练复杂的信息和规则；第三，提前预设各种意外情况的处理方式，并保证达到各方满意的结果。因此，学者们在测度共同愿景时，也大多采用目标一致性、文化认同性以及完成度来对其进行测量。莫利娜·莫拉莱斯和马丁内斯·费尔南德（Molina-Morales & Martínez-Fernández）用志向和愿望的一致性、目标和使命的一致性、未来前景的认同性以及合作战略或计划的完成性等4个题项来对

---

[1] 魏龙，党兴华.网络权力、网络搜寻与网络惯例：一个交互效应模型［J］.科学学与科学技术管理，2017，38（2）：136-147.

共同愿景进行测度。❶ 沈鹤等从明晰的定位及发展方向、目标一致性、未来发展的责任心以及上下级间愿景分享来衡量共同愿景。❷ 因此，在已有成熟量表的基础上，共同愿景的题项主要由以下 4 个题项组成，如表 4-4 所示。

表 4-4　共同愿景的测量量表

变量	测度	题项内容	题项来源
共同 愿景	共同愿景 1	拥有共同的志向和愿望	莫利娜·莫拉莱斯和马丁 内斯·费尔南德，沈鹤等
	共同愿景 2	奉行共同的目标和使命	
	共同愿景 3	对组合未来发展前景持有相同积极观点	
	共同愿景 4	完全赞成联盟组合达成的合作意愿	

二、中介变量：知识耦合

知识耦合是指企业内外部显性知识和隐性知识，在交互过程中的识别、利用以及探索，并在此基础上，对异构性知识类别进行认知、融合以及重构的动态循环，进而创造新知识的过程。借鉴已有学者对知识创造的有关研究，本书将知识耦合进一步划分为辅助性知识耦合和互补性知识耦合。辅助性知识耦合针对的是技术领域、市场和经验等相匹配的同质性知识。互补性知识耦合主要针对的是与企业知识池差异较大的异质性知识，其目的是解决内部知识欠缺与不足等问题。

（一）辅助性知识耦合

辅助性知识耦合所产生的新知识，是对原有知识的识别、筛选、精炼与应用，是对现有知识的精度和效度的提炼、现有技术类别和知识体系的

❶ MOLINA-MORALES F X, MARTÍNEZ-FERNÁNDEZ M T. Social networks: Effects of social capital on firm innovation [J]. Journal of Small Business Management, 2010, 48（2）: 258-279.

❷ 沈鹤，余传鹏，张振刚. 科技型小微企业管理创新引进机理研究：基于获得式学习视角 [J]. 科学学研究, 2018, 36（5）: 884-892.

改进和完善以及现有生产工艺、产品工艺等路径的更新与升级。因此，辅助性知识耦合并没有打破现有知识结构和基础。具体而言：一方面，具备较高的辅助性知识耦合机制，会在组合中固守"适应性文化"，这种文化特质可能使企业直接吸收、利用、整合已拥有的知识或组合中相似经验，促进联盟组合中隐性的经验知识获得快速编码和惯例化。但是，辅助性知识耦合这种固定化、刚性化的结构或流程机制，也会由于现有惯例的黏滞性，来约束知识的自由流动或多变思维，排斥周期冗长的知识探索行为。另一方面，辅助性知识耦合有助于经验知识在联盟组合内得到深度分析和共享，促进企业与联盟伙伴在社会化互动过程中更新已有的经验知识，以及吸收联盟伙伴新的隐性知识和显性知识来避免知识编码带来的"能力刚性"。综上所述，本书基于迪比亚乔等（Dibiaggio, et al）[1]、魏江和徐蕾[2]等学者提出的测度指标，结合专家意见和实地访谈结果，形成以下 5 个题项对辅助性知识耦合进行测度，如表 4–5 所示。

表 4–5 辅助性知识耦合的测量量表

变量	测度	题项内容	题项来源
辅助性知识耦合	辅助性知识耦合 1	企业与联盟成员掌握相似的新知识	迪比亚乔等，魏江和徐蕾等
	辅助性知识耦合 2	在联盟组合内广泛传播相似的新知识	
	辅助性知识耦合 3	理解与现有知识相似的新知识	
	辅助性知识耦合 4	新知识与原有的经验、知识能紧密结合和匹配	
	辅助性知识耦合 5	能运用新知识解决联盟运营中产生的新问题	

（二）互补性知识耦合

互补性知识耦合所产生的新知识，与现有知识结构、原理以及体系存在较大区别。它的实施不仅有助于构建企业跨界搜索能力、高风险的承担

---

[1] DIBIAGGIO L, NASIRIYAR M, NESTA L. Substitutability and complementarity of technological knowledge and the inventive performance of semiconductor companies [J]. Research Policy, 2014, 43（9）: 1582–1593.

[2] 魏江，徐蕾. 知识网络双重嵌入、知识整合与集群企业创新能力 [J]. 管理科学学报，2014, 17（2）: 34–47.

能力、不确定性风险的识别能力；同时还可以开辟全新的知识领域和技能、全新的市场和商业模式以及弥补企业内部知识池的落后性和不足。具体而言：一方面，新知识的诞生和重大技术变革，往往会超出或有别于企业先前知识与经验范畴，而通过联盟组合来借鉴和搜寻联盟成员以往经验和惯例时，可能会出现无所适从、无所借鉴的局面。但是，从联盟成员的互动行为中吸收、利用和创造新知识，由此形成联盟组合层面的共同知识，便可以冲破旧经验、旧观念的刚性束缚，并通过"万花筒效应"激发出更多创新想法。另一方面，具备较高的互补性知识耦合机制，会更倾向于将环境变化视为一种控制增强的机会而非控制削弱的威胁，同时，也更善于以弹性化、非正式的学习方式来唤起企业创新所需的隐性知识，挣脱知识创造过程中现有惯常思维模式的僵化束缚和资源刚性的钳制效应。综上，本书基于狄比亚久等（Dibiaggio, et al）❶、努森（Knudsen）❷等学者提出的测度指标，结合专家意见和实地访谈，形成以下 5 个题项对互补性知识耦合进行测度，如表 4-6 所示。

表 4-6 互补性知识耦合的测量量表

变量	测度	题项内容	题项来源
互补性知识耦合	互补性知识耦合 1	能够通过联盟组合获取新知识、新信息	狄比亚久等，努森等
	互补性知识耦合 2	获得的新信息、新知识能在组合内部快速流动	
	互补性知识耦合 3	获得的新知识能及时替代相应的老知识	
	互补性知识耦合 4	获得的新知识不断提升和完备知识体系	
	互补性知识耦合 5	获得的新知识能触发原有知识体系发挥更大作用	

❶ DIBIAGGIO L, NASIRIYAR M, NESTA L. Substitutability and complementarity of technological knowledge and the inventive performance of semiconductor companies [J]. Research Policy, 2014, 43（9）: 1582-1593.

❷ KNUDSEN M P. The relative importance of interfirm relationships and knowledge transfer for new product development success [J]. Journal of Product Innovation Management, 2007, 24（2）: 117-138.

三、调节变量：联盟管理能力

根据已有文献对联盟管理能力维度的划分，以及概念内涵的有关解释，本书从合作前瞻能力和关系治理能力两个维度，探究联盟管理能力的调节作用。

（一）合作前瞻能力

合作前瞻能力反映了对外部信息感应的敏感性，在扫描、搜寻、探索外部环境中的多样性信息的情境下，促进联盟组合对市场需求的识别能力，以及提升获取新资源的潜在机会。在联盟组合中，合作前瞻能力较高的企业，可以在更大的选择空间内筛选多样性的联盟伙伴，并在有限的时间范围内，搜寻与自身最匹配的联盟对象。因此，在这种先动优势的保障下，企业可以率先获取优质的、有价值的以及稀缺的有形资源；同时，企业还可以获取诸如联盟结构位势（中心性和结构洞等）、声誉等无形资源。此外，合作前瞻能力能为联盟组合带来感知灵敏性和反应能力，其所带来的先发性优势可以有效克服一些困难，进而成为联盟组合成功的至关重要的一环。

综上，合作前瞻能力就是在时刻关注市场变化的前提下，先于竞争对手识别联盟机会，匹配联盟对象，以及建立先动者优势。基于此，通过参考萨卡尔、奥拉克和马德霍克（Sarkar, Aulakh & Madhok）❶，席尔克和古尔赞（Schilke & Goerzen）❷等问卷题项及研究结果，并结合专家意见和实地访谈结果，本书形成以下5个题项对合作前瞻能力进行测度，如表4-7所示。

---

❶ SARKAR M B, AULAKH P S, MADHOK A. Process capabilities and value generation in alliance portfolios [J]. Organization Science, 2009, 20（3）: 583-600.

❷ SCHILKE O, GOERZEN A. Alliance management capability: An investigation of the construct and its measurement [J]. Journal of Management, 2010, 36（5）: 1192-1219.

表 4-7 合作前瞻能力的测量量表

变量	测度	题项内容	题项来源
合作前瞻能力	合作前瞻能力 1	积极监控环境变化以识别联盟合作机会	萨卡尔、奥拉克和马德霍克,席尔克和古尔赞等
	合作前瞻能力 2	通过多种渠道时刻关注潜在联盟伙伴的信息	
	合作前瞻能力 3	时刻关注市场变化对潜在联盟机会的影响	
	合作前瞻能力 4	率先与关键企业结盟来抢占竞争优势	
	合作前瞻能力 5	主动向潜在联盟伙伴发出联盟提议	

（二）关系治理能力

关系治理能力构建了联盟成员之间信息沟通、知识交流以及资源共享的行为准则或者惯例，降低了联盟管理过程中的合作管理成本，如合约成本、协调成本、监督成本。同时，关系治理能力又被认为是组织参与行为惯例的程度，这种行为惯例又可以促进组合中不同联盟伙伴关系"非正式"自我约束措施的发展。这种自我约束的联盟关系，是提升关系质量、促进联盟信任的保障，有效遏制了联盟成员的机会主义行为的发生。综上所述，关系治理能力是指构建联盟成员之间信息沟通、知识交流以及资源共享的行为准则或者惯例，并在这种非正式的自我保护机制的措施下，遏制联盟成员的机会主义行为倾向和"搭便车"行为的发生，从而实现联盟组合管理的柔性化。基于此，通过参考萨卡尔、奥拉克和马德霍克（Sarkar, Aulakh & Madhok）[1]、席尔克和古尔赞（Schilke & Goerzen）[2]等问卷题项及研究结果，并结合专家意见和实地访谈结果，本书形成以下 5 个题项对关系治理能力进行测度，如表 4-8 所示。

---

[1] SARKAR M B, AULAKH P S, MADHOK A. Process capabilities and value generation in alliance portfolios [J]. Organization Science, 2009, 20（3）: 583-600.

[2] SCHILKE O, GOERZEN A. Alliance management capability: An investigation of the construct and its measurement [J]. Journal of Management, 2010, 36（5）: 1192-1219.

表 4-8 关系治理能力的测量量表

变量	测度	题项内容	题项来源
关系 治理 能力	关系治理能力 1	在逆境 / 挑战中有共同经历，对联盟关系很重要	萨卡尔、奥拉克和马 德霍克，席尔克和古 尔赞等
	关系治理能力 2	努力在相互信任和承诺的基础上建立联盟关系	
	关系治理能力 3	可以用灵活性的方式处理合作中的冲突问题	
	关系治理能力 4	出现分歧时，能够制定各方满意的折中方案	
	关系治理能力 5	经常用非正式的方式和联盟伙伴交流信息	

四、因变量：企业创新能力

在战略管理领域，企业创新能力被广泛视为评价技术创新活动有效性的重要指标。然而，在研发活动中，过程的复杂性和结果的不确定性等，使得现有文献对企业创新能力的测度并未形成广泛认可的指标体系。目前，企业创新能力的测度主要分为单指标和多指标两个方向。从单一的指标角度考虑企业创新能力测度，其中选取的主流测度指标主要有研发投入、新产品数量、申请的专利数或者专利数的引用等。但是，有学者认为，单一指标的缺点也十分明显，即过于简单化，使得无法测度企业创新能力的多样性和复杂性。因此，他们认为采用多指标更能全面、准确地反映企业创新能力的效率和效果。例如，卡兰通、卡武斯吉尔和赵（Calantone, Cavusgil & Zhao）用经常尝试新想法、经常寻求新的方法、运营模式很有创意、首先推出新产品或新服务、接受创新风险性、过去 5 年新产品引进增多等来测度企业创新能力。[1] 詹坤、邵云飞和唐小我用产品开发及迭代、资源整合及再创造、生产工艺改进等 5 个题项对创新能力进行测量。[2]

考虑到企业创新能力是利用知识流入和知识流出来加快企业产品、技术等创新活动的开发行为，且它是由一系列动态的过程所组成，包括发明

---

[1] CALANTONE R J, CAVUSGIL S T, ZHAO Y. Learning orientation, firm innovation capability, and firm performance [J]. Industrial Marketing Management, 2002, 31（6）：515-524.

[2] 詹坤, 邵云飞, 唐小我. 联盟组合的网络结构对企业创新能力影响的研究 [J]. 研究与发展管理, 2018, 30（6）：47-58.

源、研制、生产和市场化，并最终实现商业价值的过程。因此，本书在结合专家意见和实地访谈结果的基础上，形成以下 6 个题项对企业创新能力进行测度，如表 4-9 所示。

表 4-9　企业创新能力的测量量表

变量	测度	题项内容	题项来源
企业创新能力	企业创新能力1	提高了产品开发及迭代速度	卡兰通、卡武斯吉尔和赵，詹坤、邵云飞和唐小我等
	企业创新能力2	提升了企业的资源整合及再创造能力	
	企业创新能力3	有效改进了现有的生产工艺、管理流程等	
	企业创新能力4	开发的新产品深受市场欢迎	
	企业创新能力5	开发的新产品总是引起竞争对手模仿	
	企业创新能力6	总是开发新技术，将旧产品改造成新产品推向市场	

五、控制变量：企业基本信息

除联盟组合配置、知识耦合、联盟管理能力等变量之外，企业创新能力可能还会受到企业基本信息的影响，例如，企业年龄、企业规模、联盟所有制、研发强度等有关变量的影响。虽然这些变量不是本书所关注的重点对象，但是本书还是对其加以控制。

（一）企业年龄

在一定程度上，企业年龄也是影响联盟组合中知识耦合有效性和企业创新能力的重要因素之一。企业年龄的增加，一方面，可以为企业的创新行为积累经验和能力；另一方面，可以为企业带来资源积累和声誉的提升，为企业构建联盟组合带来一定的软优势。因此，企业年龄可能会影响企业的联盟合作和创新能力的提升，而对其度量方式采用经营年限来加以刻画。

（二）企业规模

企业规模数量和质量的增加，使"企业边界"进一步模糊。企业自身也认识到，内部创新源的不足也可以通过创新网络中的合作关系进行弥补。因此，企业在规模的调整上也更加偏向于内外部资源获取和积累的原则。创新能力的提升是不同领域的知识和资源共同合作的结果，而企业规模为共同合作提供了多样性伙伴的可能性，使企业更容易从合作行为中获取互补性的知识和技能，进而丰富企业的现有知识池，提升创新能力。因此，企业规模可能会影响企业的联盟合作和创新能力的提升，而对其度量方式，采用普遍认可的企业人数的自然对数加以刻画。

（三）联盟所有制

联盟所有制会影响联盟组合所有权集中度的水平以及归属；同时，它还会影响合作伙伴类型和来源的多样性。因此，本书将联盟所有制纳入研究模型，作为控制变量加以考虑，采用的刻画方式为哑变量的形式，1 表示在联盟中，本土企业占多数；0 表示外资企业占多数。

（四）研发强度

研发投入是企业技术进步的基石和源泉。只有提升研发投入强度，才能保证有充足的经费去获取外部知识、人才等资源，并通过引进、吸收和消化这些创新资源，实现企业新知识的产生。因此，本书将研发强度作为控制变量加以考虑，采用的刻画方式为"研发投入与销售收入之间的占比"。

第三节　数据收集与样本描述

一、样本选择与数据收集

数据的高质量是保证研究结果准确、可靠的前提条件。因此，为了确保数据的真实有效，本书在问卷发放的过程中，较为严格地控制了发放区域、调研对象以及途径等外部因素的影响。同时，由于研究内容主要聚焦于联盟组合配置与企业创新能力之间的关系，因此，本书对样本的选择遵循如下原则：第一，本书的问卷涉及企业多方面的运营信息，为了保证问卷质量的准确和全面，问卷填答者应是在企业工作至少三年的中高层管理人员。第二，样本企业自身需要具备创新合作经历，且至少具有两个或两个以上的合作伙伴。第三，为确保研究结论的稳定性和普适性，样本企业应尽量涵盖多个行业，同时还需要满足所选行业具有典型的联盟特征。

通过小样本问卷的测试，修订后的问卷具有较好的信度和效度，因此，适合进行大规模的问卷调研。为了减少问卷收集的难度以及提升问卷填答者的有效性和准确性，本书选取的调研对象和调研区域均与课题团队保持着良好的社会资源关系。具体而言，本书的问卷调研主要通过以下途径收集：第一，借助笔者导师"四川省创新方法推广与应用"课题所提供的良好研究平台，实地调研了有关企业，并邀请企业中高层管理人员对问卷进行填答。借助此种方式，总共发放问卷 300 份，回收 259 份，剔除漏选、空缺等无效问卷 15 份，最终保留有效问卷 244 份。第二，借助政府机构相关部门（如四川省科学技术信息研究所等）发放问卷。借助此种方式，总共发放问卷 120 份，回收 89 份，剔除漏选、空缺等无效问卷 17 份，最终保留有效问卷 72 份。第三，针对所在学院 MBA、EMBA、DBA 课堂发放问卷。借助此种方式，总共发放问卷 90 份，回收了 76 份，剔除漏选、空缺等无效问卷 7 份，最终保留有效问卷 69 份。综上，剔除无效问卷 39 份，最终获得有效问卷 385 份，问卷发放与回收的具体情况如表 4–10 所示。

表 4–10　问卷发放和回收情况统计

问卷发放与回收	发放数量/份	回收数量/份	回收率/%	有效数量/份	有效回收率/%
现场调研发放	300	259	86.33	244	81.33
委托政府机构发放	120	89	74.17	72	60.00
学院 MBA、EMBA、DBA 课堂发放	90	76	84.44	69	76.67

二、样本特征描述

从调研问卷中，主要对样本企业的行业类型、企业成立年限、企业规模、企业所有制性质、研发投入占销售收入比重做描述性统计分析，如表4-11所示。具体来说，从行业分布类型来看，能源环保行业35家（占9.10%），电子通信设备108家（占28.05%），信息技术行业122家（占31.69%），机械制造行业53家（占13.77%），生物医药行业27家（占7.01%），新材料行业24家（占6.23%），其他行业16家（占4.15%）。从企业成立年限来看，5年及以下的108家（占28.05%），6～10年的154家（占40.00%），11～20年的79家（占20.52%），21年及以上的44家（占11.43%）。从企业规模来看，200人及以下的71家（占18.44%），201～500人的145家（占37.66%），501～1000人的119家（占30.91%），1001人及以上的50家（占12.99%）。从企业所有制性质来看，国有96家（占24.94%），民营133家（占34.55%），三资75家（占19.48%），其他81家（占21.03%）。从研发投入占销售收入的比重（即研发强度）来看，1%以下的69家（占17.92%），1%～3%的102家（占26.50%），3%～6%的139家（占36.10%），6%～9%的47家（占12.21%），9%以上的28家（占7.27%）。综上所述，样本分布较广泛，所有制性质较分散，因此，样本企业具有较好的代表性，收集的数据适合进一步的模型验证。

表4-11 样本基本特征分布情况

统计内容	分类	样本量/家	百分比/%	累计百分比/%
行业类型	能源环保行业	35	9.10	9.10
	电子通信设备	108	28.05	37.15
	信息技术行业	122	31.69	68.84
	机械制造行业	53	13.77	82.61
	生物医药行业	27	7.01	89.62
	新材料行业	24	6.23	95.85
	其他行业	16	4.15	100.00

统计内容	分类	样本量/家	百分比/%	累计百分比/%
企业成立年限	5年及以下	108	28.05	28.05
	6～10年	154	40.00	68.05
	11～20年	79	20.52	88.57
	21年及以上	44	11.43	100.00
企业规模	200人及以下	71	18.44	18.44
	201～500人	145	37.66	56.10
	501～1000人	119	30.91	87.01
	1001人及以上	50	12.99	100.00
企业所有制性质	国有	96	24.94	24.94
	民营	133	34.55	59.49
	三资	75	19.48	78.97
	其他	81	21.03	100.00
研发强度	1%以下	69	17.92	17.92
	1%～3%	102	26.50	44.42
	3%～6%	139	36.10	80.52
	6%～9%	47	12.21	92.73
	9%以上	28	7.27	100.00

第四节　变量的信度和效度检验

一、联盟组合配置

从表4-12中可以看出：联盟伙伴多样性的各题项中，总体相关系数最小值为0.739；关系联结强度的各题项中，总体相关系数最小值为0.616；网络位置权力的各题项中，总体相关系数最小值为0.758；共同愿景的各题项中，总体相关系数最小值为0.537。所有题项的总体相关系数均大于0.35。另外，联盟伙伴多样性的克朗巴赫系数为0.932，关系联结强度的克朗巴赫系数为0.889，网络位置权力的克朗巴赫系数为0.903，共同愿景的克朗巴赫系数为 0.860，均大于门槛值 0.7。由此，本书的联盟伙伴多样性、关系联结强度、网络位置权力以及共同愿景均具有较好的内部一致性，通过信度检验。

表 4-12 联盟组合配置量表的信度检验结果

N=385

变量名称	题项	总体相关系数（CITC）	删除项后的克朗巴赫系数	克朗巴赫系数
联盟伙伴多样性	联盟伙伴多样性 1	0.834	0.913	0.932
	联盟伙伴多样性 2	0.855	0.909	
	联盟伙伴多样性 3	0.861	0.907	
	联盟伙伴多样性 4	0.805	0.918	
	联盟伙伴多样性 5	0.739	0.930	
关系联结强度	关系联结强度 1	0.821	0.831	0.889
	关系联结强度 2	0.791	0.842	
	关系联结强度 3	0.800	0.839	
	关系联结强度 4	0.616	0.807	
网络位置权力	网络位置权力 1	0.758	0.882	0.903
	网络位置权力 2	0.786	0.872	
	网络位置权力 3	0.786	0.873	
	网络位置权力 4	0.795	0.868	
共同愿景	共同愿景 1	0.775	0.792	0.860
	共同愿景 2	0.779	0.793	
	共同愿景 3	0.752	0.802	
	共同愿景 4	0.537	0.812	

接下来，本书测度了 *KMO*[1] 和 *Bartlett*[2]，显示：*KMO* 值为 0.902；*Bartlett* 的显著性概率为 0.000。因此，适合进一步的因子分析。从表 4-13 中可以发现：因子载荷均大于临界值 0.5，且未出现跨因子现象；平均方差萃取值均大于临界值 0.5，组合信度值均大于临界值 0.7。因此，本书对联盟组合配置所提取的因子具有良好效度。

---

[1] *KMO* (Kaiser-Meyer-Olkin) 为凯泽 - 梅耶尔 - 奥利金检验，以下简称 *KMO*。

[2] *Bartlett*（Bartlett's test of sphericity）为巴特利特球形检验，以下简称 *Bartlett*。

表 4-13　联盟组合配置量表的探索性因子分析结果

N=385

变量名称	题项	因子载荷	平均方差萃取值	组合信度值
联盟伙伴多样性	联盟伙伴多样性 1	0.811	0.564	0.864
	联盟伙伴多样性 2	0.815		
	联盟伙伴多样性 3	0.808		
	联盟伙伴多样性 4	0.698		
	联盟伙伴多样性 5	0.597		
关系联结强度	关系联结强度 1	0.751	0.563	0.838
	关系联结强度 2	0.763		
	关系联结强度 3	0.704		
	关系联结强度 4	0.783		
网络位置权力	网络位置权力 1	0.751	0.550	0.830
	网络位置权力 2	0.733		
	网络位置权力 3	0.721		
	网络位置权力 4	0.761		
共同愿景	共同愿景 1	0.694	0.565	0.837
	共同愿景 2	0.722		
	共同愿景 3	0.655		
	共同愿景 4	0.910		

另外，为了进一步检验构念模型的有效性，本书对联盟伙伴多样性、关系联结强度、网络位置权力、共同愿景进行了验证性因子分析。验证性因子分析测量模型如图 4-1 所示。

同时，本书探究了联盟组合配置各维度量表的验证性因子分析，如表 4-14 所示。结果显示：χ^2/df=2.323，$RMSEA$=0.053，GFI=0.943，NFI=0.920，IFI=0.937，TLI=0.924，CFI=0.937。[1] 均在各自要求范围内，因此，模型适配度良好。

---

[1]　$RMSEA$（root mean square error of approximation）为近似误差均方根，以下简称 $RMSEA$。GFI（goodness-of-fit index）为拟合优度指数，以下简称 GFI。NFI（normed fit index）为规范拟合指数，以下简称 NFI。IFI（incremental fit index）为增量拟合指数，以下简称 IFI。TLI（tucker-lewis index）为非规范拟合指数，以下简称 TLI。CFI（comparative fit index）为比较拟合指数，以下简称 CFI。

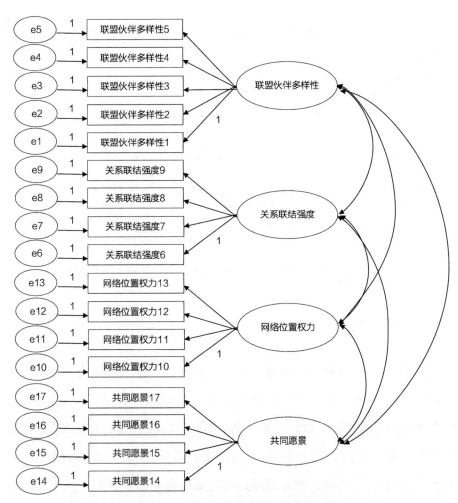

图 4-1　联盟组合配置量表的测量模型

表 4-14　联盟组合配置量表的验证性因子分析路径系数估计

N=385

路径	非标准化系数	标准化系数	标准误（S.E.）	临界比值（C.R.）	显著性 p 值
联盟伙伴多样性 1	1	0.876	—	—	—
联盟伙伴多样性 2	0.989	0.883	0.040	24.462	***
联盟伙伴多样性 3	1.019	0.893	0.041	25.049	***
联盟伙伴多样性 4	0.916	0.840	0.041	22.164	***
联盟伙伴多样性 5	0.855	0.796	0.043	20.106	***
关系联结强度 6	1	0.880	—	—	—
关系联结强度 7	1.008	0.866	0.043	23.436	***

路径	非标准化系数	标准化系数	标准误（S.E.）	临界比值（C.R.）	显著性 p 值
关系联结强度 8	0.963	0.850	0.043	22.565	***
关系联结强度 9	0.802	0.703	0.049	16.385	***
网络位置权力 10	1	0.821	—	—	—
网络位置权力 11	1.008	0.835	0.052	19.551	***
网络位置权力 12	1.064	0.83	0.055	19.387	***
网络位置权力 13	1.042	0.857	0.051	20.349	***
共同愿景 14	1	0.867	—	—	—
共同愿景 15	0.987	0.879	0.042	23.514	***
共同愿景 16	0.97	0.827	0.046	21.002	***
共同愿景 17	0.706	0.572	0.058	12.238	***
模型适配度指数	χ^2/df=2.323；$RMSEA$=0.053；GFI=0.943；NFI=0.920；IFI=0.937；TLI=0.924；CFI=0.937				

注：*** 为 $p < 0.001$。

二、知识耦合

从表4-15中发现：辅助性知识耦合的各题项中，总体相关系数最小值为0.737；互补性知识耦合的各题项中，总体相关系数最小值为0.610。所有题项的总体相关系数均大于0.35。另外，辅助性知识耦合的克朗巴赫系数为0.909，大于门槛值0.7；互补性知识耦合的克朗巴赫系数为0.913，大于门槛值0.7。同时，删除题项后的克朗巴赫系数的值均不大于各层面量表总的克朗巴赫系数的值。由此说明，本书的辅助性知识耦合和互补性知识耦合均具有较好的内部一致性，通过了信度检验。

表4-15　知识耦合量表的信度检验结果

N=385

变量名称	题项	总体相关系数（CITC）	删除项后的克朗巴赫系数	克朗巴赫系数
辅助性知识耦合	辅助性知识耦合 1	0.737	0.896	0.909
	辅助性知识耦合 2	0.809	0.88	
	辅助性知识耦合 3	0.796	0.883	
	辅助性知识耦合 4	0.754	0.892	
	辅助性知识耦合 5	0.753	0.892	

变量名称	题项	总体相关系数（CITC）	删除项后的克朗巴赫系数	克朗巴赫系数
互补性知识耦合	互补性知识耦合 1	0.787	0.845	0.913
	互补性知识耦合 2	0.776	0.848	
	互补性知识耦合 3	0.716	0.862	
	互补性知识耦合 4	0.730	0.859	
	互补性知识耦合 5	0.610	0.886	

接下来，本书测度了知识耦合的 *KMO* 和 *Bartlett*，结果显示：*KMO* 值为 0.913，大于临界值 0.7；*Bartlett* 的显著性概率为 0.000，小于临界值 0.05。因此，适合进一步的因子分析。根据特征根值大于 1 和因子载荷大于 0.5 的要求，本书对知识耦合的 10 个题项，采取了主成分因子分析方法，提取了 2 个公因子，累积解释方差为 71.302%，高于临界值规定的 70% 的要求。从表 4-16 中，我们可以发现：辅助性知识耦合中因子载荷最小值为 0.747，互补性知识耦合中因子载荷最小值为 0.642，均大于临界值 0.5，且未出现跨因子现象；平均方差萃取值均大于临界值 0.5，组合信度值均大于临界值 0.7。因此可以看出，本书对知识耦合所提取的因子具有良好的效度。

表 4-16 知识耦合量表的探索性因子分析结果

N=385

变量名称	题项	因子载荷	平均方差萃取值	组合信度值
辅助性知识耦合	辅助性知识耦合 1	0.747	0.633	0.896
	辅助性知识耦合 2	0.825		
	辅助性知识耦合 3	0.798		
	辅助性知识耦合 4	0.832		
	辅助性知识耦合 5	0.813		
互补性知识耦合	互补性知识耦合 1	0.849	0.542	0.891
	互补性知识耦合 2	0.808		
	互补性知识耦合 3	0.808		
	互补性知识耦合 4	0.771		
	互补性知识耦合 5	0.642		

另外，为了进一步检验构念模型的有效性，本书对辅助性知识耦合、互补性知识耦合进行了验证性因子分析。知识耦合的验证性因子分析测量模型如图4-2所示。

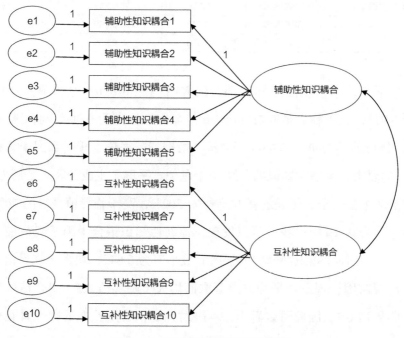

图4-2　知识耦合量表的测量模型

同时，本书还进一步探究了知识耦合各维度量表的验证性因子分析路径系数和验证性因子分析拟合指标，如表4-17所示。拟合指标的结果显示：χ^2/df=1.896，$RMSEA$=0.039，GFI=0.922，NFI=0.947，IFI=0.959，TLI=0.946，CFI=0.959，均在各自所要求的范围内，因此，模型适配度良好。同时，表中显示，在知识耦合中，各维度量表的验证性因子分析路径系数均在 p < 0.001 的统计水平上显著。结果进一步说明，本书的知识耦合测量模型具有较为良好的效度。

表 4-17　知识耦合量表的验证性因子分析路径系数估计

N=385

路径	非标准化系数	标准化系数	标准误（S.E.）	临界比值（C.R.）	显著性 p 值
辅助性知识耦合 1	1	0.792	—	—	—
辅助性知识耦合 2	1.093	0.868	0.057	19.097	***
辅助性知识耦合 3	1.043	0.861	0.055	18.886	***
辅助性知识耦合 4	0.971	0.775	0.059	16.496	***
辅助性知识耦合 5	1.002	0.784	0.060	16.741	***
互补性知识耦合 6	1	0.869	—	—	—
互补性知识耦合 7	0.969	0.869	0.044	21.857	***
互补性知识耦合 8	0.878	0.758	0.050	17.649	***
互补性知识耦合 9	0.823	0.756	0.047	17.560	***
互补性知识耦合 10	0.716	0.640	0.052	13.861	***
模型适配度指数	χ^2/df=1.896；RMSEA=0.039；GFI=0.922；NFI=0.947；IFI=0.959；TLI=0.946；CFI=0.959				

注：*** 表示显著性水平 $p < 0.001$。

三、联盟管理能力

从表 4-18 中可以看出：合作前瞻能力的各题项中，总体相关系数最小值为 0.797；关系治理能力的各题项中，总体相关系数最小值为 0.769。所有题项的总体相关系数均大于 0.35。另外，合作前瞻能力的克朗巴赫系数为 0.935，大于门槛值 0.7；关系治理能力的克朗巴赫系数为 0.924，大于门槛值 0.7。同时，删除题项后的克朗巴赫系数的值均不大于各层面量表总的克朗巴赫系数的值。由此说明，本书的合作前瞻能力和关系治理能力均具有较好的内部一致性，通过了信度检验。

接下来，本书测度了联盟管理能力的 KMO 和 Bartlett，结果显示：KMO 值为 0.922，大于临界值 0.7；Bartlett 的显著性概率为 0.000，小于临界值 0.05。因此，适合进一步的因子分析。根据特征根值大于 1 和因子载荷大于 0.5 的要求，本书对联盟管理能力的 10 个题项，采取了主成分因子分析方法，提取了 2 个公因子，累积解释方差为 83.109%，高于临界值规定的 70% 的要求。从表 4-19 中，我们可以发现：合作前瞻能力中因子载荷最小值为 0.736，关系治理能力中因子载荷最小值为 0.785，均大于临界值 0.5，且未出现跨因子现象；平均方差萃取值均大于临界值 0.5，组合信度值均大于临界值 0.7。因此可以看出，本书对联盟管理能力所提取的因子具有良好的效度。

表 4-18 联盟管理能力量表的信度检验结果

N=385

变量名称	题项	总体相关系数（CITC）	删除项后的克朗巴赫系数	克朗巴赫系数
合作前瞻能力	合作前瞻能力 1	0.821	0.921	0.935
	合作前瞻能力 2	0.797	0.925	
	合作前瞻能力 3	0.825	0.920	
	合作前瞻能力 4	0.852	0.915	
	合作前瞻能力 5	0.837	0.918	
关系治理能力	关系治理能力 1	0.818	0.903	0.924
	关系治理能力 2	0.831	0.900	
	关系治理能力 3	0.805	0.906	
	关系治理能力 4	0.782	0.910	
	关系治理能力 5	0.769	0.913	

表 4-19 联盟管理能力量表的探索性因子分析结果

N=385

变量名称	题项	因子载荷	平均方差萃取值	组合信度值
合作前瞻能力	合作前瞻能力 1	0.835	0.623	0.892
	合作前瞻能力 2	0.845		
	合作前瞻能力 3	0.745		
	合作前瞻能力 4	0.736		
	合作前瞻能力 5	0.779		
关系治理能力	关系治理能力 1	0.833	0.676	0.913
	关系治理能力 2	0.785		
	关系治理能力 3	0.830		
	关系治理能力 4	0.817		
	关系治理能力 5	0.846		

为了进一步检验构念模型的有效性，本书还对合作前瞻能力、关系治理能力进行了验证性因子分析。联盟管理能力的验证性因子分析测量模型如图 4-3 所示。

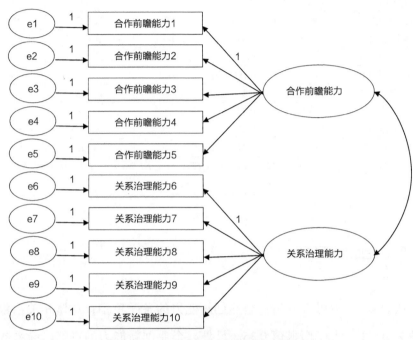

图 4-3　联盟管理能力量表的测量模型

同时，本书还进一步探究了联盟管理能力各维度量表的验证性因子分析路径系数和验证性因子分析拟合指标，如表 4-20 所示。拟合指标的结果显示：$\chi^2/df=1.378$，$RMSEA=0.058$，$GFI=0.931$，$NFI=0.938$，$IFI=0.945$，$TLI=0.917$，$CFI=0.944$，均在各自所要求的范围内，因此，模型适配度良好。同时，在联盟管理能力中，各维度量表的验证性因子分析路径系数均在 $p<0.001$ 的统计水平上显著。结果进一步说明，本书的联盟管理能力测量模型具有较为良好的效度。

表 4-20　联盟管理能力量表的验证性因子分析路径系数估计

N=385

路径	非标准化系数	标准化系数	标准误（S.E.）	临界比值（C.R.）	显著性 p 值
合作前瞻能力 1	1	0.891	—	—	—
合作前瞻能力 2	1.011	0.879	0.039	25.941	***
合作前瞻能力 3	0.956	0.828	0.042	22.837	***
合作前瞻能力 4	0.990	0.849	0.041	24.041	***
合作前瞻能力 5	0.936	0.841	0.040	23.540	***
关系治理能力 6	1	0.790	—	—	—
关系治理能力 7	1.041	0.836	0.054	19.145	***
关系治理能力 8	0.996	0.778	0.057	17.366	***
关系治理能力 9	1.075	0.877	0.053	20.465	***
关系治理能力 10	1.087	0.876	0.053	20.423	***
模型适配度指数	χ^2/df=1.378；RMSEA=0.058；GFI=0.931；NFI=0.938；IFI=0.945；TLI=0.917；CFI=0.944				

注：*** 表示显著性水平 $p < 0.001$。

四、企业创新能力

从表 4-21 中可以看出：企业创新能力的各题项中，总体相关系数最小值为 0.822，大于门槛值 0.35。另外，企业创新能力的克朗巴赫系数为 0.948，大于门槛值 0.7；且删除题项后的克朗巴赫系数的值，也不大于量表总的克朗巴赫系数的值。由此说明，本书的企业创新能力具有较好的内部一致性，通过了信度检验。

表 4-21　企业创新能力量表的信度检验结果

N=385

变量名称	题项	总体相关系数（CITC）	删除项后的克朗巴赫系数	克朗巴赫系数
企业创新能力	企业创新能力 1	0.822	0.940	0.948
	企业创新能力 2	0.857	0.936	
	企业创新能力 3	0.860	0.936	
	企业创新能力 4	0.829	0.939	
	企业创新能力 5	0.846	0.937	
	企业创新能力 6	0.826	0.940	

接下来，本书测度了企业创新能力的 *KMO* 和 *Bartlett*，结果显示：*KMO* 值为 0.939，大于临界值 0.7；*Bartlett* 的显著性概率为 0.000，小于临界值 0.05。从表 4-22 中，我们可以发现：企业创新能力中因子载荷最小值为 0.842，大于临界值 0.5；平均方差萃取值均大于临界值 0.5，组合信度值均大于临界值 0.7。因此可以看出，本书的企业创新能力具有良好的效度。

表 4-22　企业创新能力量表的探索性因子分析结果

N=385

变量名称	题项	因子载荷	平均方差萃取值	组合信度值
企业创新能力	企业创新能力 1	0.887	0.797	0.951
	企业创新能力 2	0.924		
	企业创新能力 3	0.901		
	企业创新能力 4	0.842		
	企业创新能力 5	0.911		
	企业创新能力 6	0.867		

另外，为了进一步检验构念模型的有效性，本书还对企业创新能力进行了验证性因子分析。企业创新能力的验证性因子分析测量模型如图 4-4 所示。

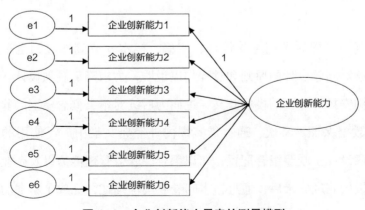

图 4-4　企业创新能力量表的测量模型

同时，本书进一步探究了企业创新能力量表的验证性因子分析，如表4-23所示。显示：χ^2/df=1.446，$RMSEA$=0.042，GFI=0.937，NFI=0.961，IFI=0.965，TLI=0.941，CFI=0.965。因此，模型适配度良好。同时，表4-23显示，企业创新能力的验证性因子分析路径系数均在$p < 0.001$的统计水平上显著。结果进一步说明，本书的企业创新能力测量模型具有较为良好的效度。

表4-23 企业创新能力量表的验证性因子分析路径系数估计

N=385

路径	非标准化系数	标准化系数	标准误（S.E.）	临界比值（C.R.）	显著性 p 值
企业创新能力1	1	0.853	—	—	—
企业创新能力2	1.055	0.891	0.045	23.693	***
企业创新能力3	1.007	0.894	0.042	23.828	***
企业创新能力4	1.032	0.848	0.048	21.652	***
企业创新能力5	1.020	0.872	0.045	22.778	***
企业创新能力6	1.021	0.845	0.047	21.494	***
模型适配度指数	χ^2/df=1.446；$RMSEA$=0.042；GFI=0.937；NFI=0.961；IFI=0.965；TLI=0.941；CFI=0.965				

注：*** 表示显著性水平 $p < 0.001$。

第五节　本章小结

本章主要探讨了问卷从设计、定稿、样本发放到回收的全过程。首先，本章对问卷设计的原则和过程加以说明，力求降低题项设计、表达方式和结构安排等方面的模糊歧义，进而为后续对本书概念模型的验证提供可靠的数据保证。其次，通过借鉴国内外经典文献中广泛使用的成熟量表，本章设计了联盟组合配置、知识耦合、联盟管理能力以及企业创新能力等变量的测度。最后，通过样本问卷收集与描述，完成了本书的数据收集过程。

第五章　联盟组合中企业创新能力机理研究

本章对所提出的研究假设的合理性进行实证检验。在进行假设检验前，首先对各变量的信度和效度进行检验，然后利用结构方程建模对联盟组合配置提升企业创新能力的路径关系进行实证检验，并验证知识耦合在其中的中介效应，最后利用多元回归分析方法检验联盟管理能力在联盟组合配置中对知识耦合之间关系的调节效应。

第一节　联盟组合配置影响企业创新能力机理的验证

本章运用结构方程模型来验证前文所提出的相关研究假设和概念模型，揭示联盟组合配置作用于企业创新能力的作用机制过程，尤其是检验知识耦合（辅助性知识耦合和互补性知识耦合）在这其中的中介作用。具体而言，本节主要通过以下几个步骤估计结构方程模型：第一，通过峰度、偏度以及临界值检验数据是否符合正态分布。第二，分别检验自变量联盟组合配置与因变量企业创新能力之间的关系、自变量联盟组合配置与中介变量知识耦合之间的关系以及中介变量知识耦合与因变量企业创新能力之间的关系。第三，分析并检验自变量联盟组合配置、中介变量知识耦合、因变量企业创新能力三者间整体模型的拟合情况，并进行修正，还进一步对知识耦合的中介效应进行验证。

一、初步数据分析

前文对信度分析和效度分析的结果表明，本书构念模型的表征效果符合进一步的结构方程分析。但是，在利用结构方程对联盟组合配置、知识耦合以及企业创新能力三者关系之间进行建模时，还需要考虑各变量题项的峰度和偏度是否满足正态分布。一般而言，检验的标准为：峰度系数要满足小于 5 的要求，偏度系数要满足小于 2 的要求，以及峰度系数除以峰度标准误的 $C.R.$ 临界值和偏度系数除以偏度标准误的 $C.R.$ 临界值均需要小于 1.96 的要求。通过对本书所涉及的各变量题项的峰度、偏度以及 $C.R.$ 临界值检验发现，联盟组合配置（联盟伙伴多样性、关系联结强度、网络位置权力、共同愿景）、知识耦合（辅助性知识耦合、互补性知识耦合）、联盟管理能力（合作前瞻能力、关系治理能力）以及企业创新能力等题项，其完全满足峰度系数小于 5，偏度系数小于 2，以及 $C.R.$ 临界值小于 1.96 的要求，因此，可认为数据符合正态分布。同时，本书的有效样本容量为 385 份，满足极大似然法估计结构方程模型时，所要求的样本容量至少 100 ~ 150 的标准。因此，在结构方程模型中，适合利用极大似然法进行结构方程建模。

二、初始模型构建

（一）联盟组合配置对企业创新能力的作用分析

本书的自变量为联盟组合配置，包括联盟伙伴多样性、关系联结强度、网络位置权力和共同愿景四个维度；因变量为企业创新能力。以 AMOS 软件检验联盟组合配置对企业创新能力的影响关系，它们之间的初始结构方程模型如图 5-1 所示。

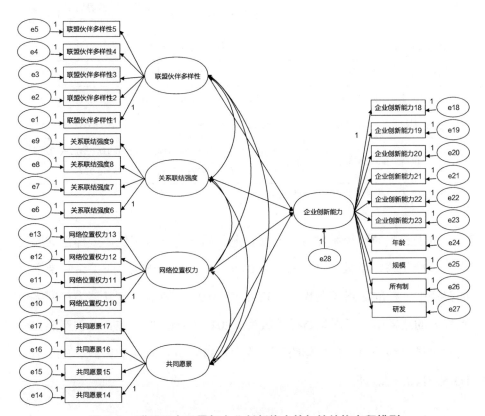

图 5-1　联盟组合配置与企业创新能力的初始结构方程模型

从表 5-1 的拟合结果中，我们可以发现：χ^2/df=2.679，小于 3；$RMSEA$=0.058，小于 0.08；GFI=0.918，大于 0.9；NFI=0.921，大于 0.9；IFI=0.927，大于 0.9；TLI=0.918，大于 0.9；CFI=0.927，大于 0.9。根据已有国内外研究的判别标准，联盟组合配置与企业创新能力的初始结构方程模型拟合情况良好。

表 5-1　联盟组合配置对企业创新能力模型的参数估计

路径	非标准化系数	标准化系数	标准误 （S.E.）	临界比值 （C.R.）	显著性 p 值
企业创新能力←联盟伙伴多样性	0.137	0.156	0.064	2.146	0.041
企业创新能力←关系联结强度	0.374	0.323	0.062	6.023	***
企业创新能力←网络位置权力	0.181	0.202	0.034	5.392	***
企业创新能力←共同愿景	0.342	0.335	0.084	4.067	***
模型适配度指数	χ^2/df=2.679；RMSEA=0.058；GFI=0.918；NFI=0.921； IFI=0.927；TLI=0.918；CFI=0.927				

注：*** 表示显著性水平 $p < 0.001$。

由表 5-1 的路径系数可知，在企业创新能力←联盟伙伴多样性的路径中，标准化路径系数为 0.156，$p < 0.05$；在企业创新能力←关系联结强度的路径中，标准化路径系数为 0.323，$p < 0.001$；在企业创新能力←网络位置权力的路径中，标准化路径系数为 0.202，$p < 0.001$；在企业创新能力←共同愿景的路径中，标准化路径系数为 0.335，$p < 0.001$。因此，H1、H2、H3 和 H4 得到验证。

（二）联盟组合配置对知识耦合的作用分析

在检验联盟组合配置对企业创新能力的直接关系后，接着检验联盟组合配置对中介变量知识耦合的作用，它们之间的初始结构方程模型如图 5-2 所示。

从表 5-2 的拟合结果中，发现：χ^2/df=2.242，小于 3；RMSEA=0.044，小于 0.08；GFI=0.923，大于 0.9；NFI=0.934，大于 0.9；IFI=0.941，大于 0.9；TLI=0.937，大于 0.9；CFI=0.948，大于 0.9。根据已有国内外研究的判别标准，联盟组合配置与知识耦合的初始结构方程模型拟合情况良好。

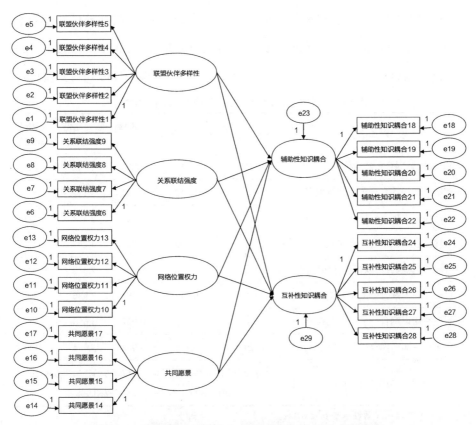

图 5-2　联盟组合配置与知识耦合的初始结构方程模型

从表 5-2 的路径系数中，我们可以发现，除了辅助性知识耦合←联盟伙伴多样性的路径不显著外（标准化路径系数为 0.181，$p > 0.05$），联盟组合配置各维度对知识耦合均有显著的正向影响。其中，在辅助性知识耦合←关系联结强度的路径中，标准化路径系数为 0.265，$p < 0.001$；在辅助性知识耦合←网络位置权力的路径中，标准化路径系数为 0.133，$p < 0.05$；在辅助性知识耦合←共同愿景的路径中，标准化路径系数为 0.205，$p < 0.001$；在互补性知识耦合←联盟伙伴多样性的路径中，标准化路径系数为 0.224，$p < 0.05$；在互补性知识耦合←关系联结强度的路径中，标准化路径系数为 0.247，$p < 0.001$；在互补性知识耦合←网络位置

权力的路径中，标准化路径系数为 0.173，$p < 0.001$；在互补性知识耦合←共同愿景的路径中，标准化路径系数为 0.166，$p < 0.001$。因此，H5a 没有得到验证，而 H5b、H6a、H6b、H7a、H7b、H8a、H8b 均得到验证。

表 5-2　联盟组合配置对知识耦合模型的参数估计

路径	非标准化系数	标准化系数	标准误（S.E.）	临界比值（C.R.）	显著性 p 值
辅助性知识耦合←联盟伙伴多样性	0.189	0.181	0.098	1.922	0.061
辅助性知识耦合←关系联结强度	0.286	0.265	0.092	3.112	***
辅助性知识耦合←网络位置权力	0.121	0.133	0.047	2.574	0.011
辅助性知识耦合←共同愿景	0.217	0.205	0.051	4.253	***
互补性知识耦合←联盟伙伴多样性	0.252	0.224	0.108	2.327	0.024
互补性知识耦合←关系联结强度	0.278	0.247	0.07	3.986	***
互补性知识耦合←网络位置权力	0.154	0.173	0.027	5.658	***
互补性知识耦合←共同愿景	0.179	0.166	0.052	3.434	***
模型适配度指数	χ^2/df=2.242；$RMSEA$=0.044；GFI=0.923；NFI=0.934；IFI=0.941；TLI=0.937；CFI=0.948				

注：*** 表示显著性水平 $p < 0.001$。

（三）知识耦合对企业创新能力的作用分析

在检验联盟组合配置对知识耦合的直接关系后，接着检验中介变量知识耦合对因变量企业创新能力的作用，它们之间的初始结构方程模型如图 5-3 所示。

从表 5-3 的拟合结果中，可以发现：χ^2/df=1.867，小于 3；$RMSEA$=0.036，小于 0.08；GFI=0.925，大于 0.9；NFI=0.929，大于 0.9；IFI=0.944，大于 0.9；TLI=0.935，大于 0.9；CFI=0.948，大于 0.9。根据已有国内外研究的判别标准，知识耦合与企业创新能力的初始结构方程模型拟合情况良好。

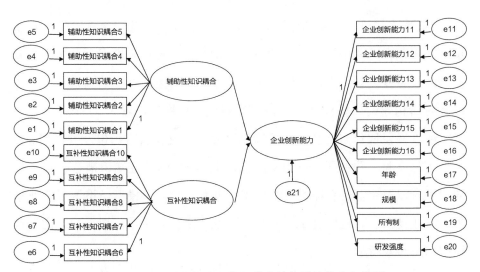

图 5-3 知识耦合与企业创新能力的初始结构方程模型

从表 5-3 的路径系数中，我们可以发现，知识耦合的两个维度（辅助性知识耦合、互补性知识耦合）对企业创新能力均有显著的正向影响。其中，在企业创新能力←辅助性知识耦合中，标准化路径系数为 0.204，$p < 0.001$；在企业创新能力←互补性知识耦合中，标准化路径系数为 0.313，$p < 0.001$。因此，H9a、H9b 均得到验证。

表 5-3 知识耦合对企业创新能力模型的参数估计

路径	非标准化系数	标准化系数	标准误（S.E.）	临界比值（C.R.）	显著性 p 值
企业创新能力←辅助性知识耦合	0.279	0.204	0.068	4.113	***
企业创新能力←互补性知识耦合	0.336	0.313	0.069	4.866	***
模型适配度指数	χ^2/df=1.867；$RMSEA$=0.036；GFI=0.925；NFI=0.929；IFI=0.944；TLI=0.935；CFI=0.948				

注：*** 表示显著性水平 $p < 0.001$。

（四）联盟组合配置、知识耦合对企业创新能力的作用分析

在前面理论推演和概念模型的基础上，本书构建了"联盟组合配置 – 知识耦合 – 企业创新能力"的研究思路，即以联盟组合配置的四个维度

（联盟伙伴多样性、关系联结强度、网络位置权力、共同愿景）作为自变量、知识耦合的两个维度（辅助性知识耦合、互补性知识耦合）作为中介变量以及企业创新能力作为因变量，来考察三者之间存在的因果关系，并以此对所构建的架构模型进行拟合和修正。该模型设置了 17 个外生显变量，测度联盟伙伴多样性、关系联结强度、网络位置权力以及共同愿景 4 个外生潜变量；设置了 16 个内生显变量，测度辅助性知识耦合、互补性知识耦合以及企业创新能力 3 个内生潜变量。此外，模型还设置了企业年龄、企业规模、联盟所有制以及研发强度 4 个控制变量。初始的结构方程模型如图 5-4 所示。

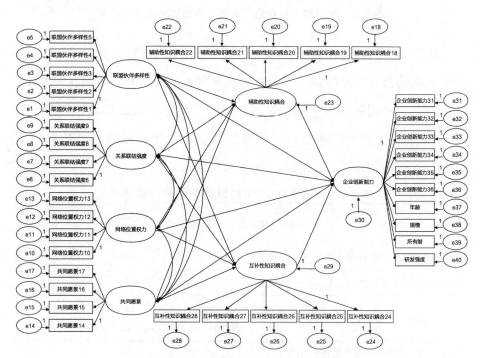

图 5-4　基于概念模型的初始结构方程模型

三、整体模型的初步拟合

本书的初始结构方程模型采用 AMOS 软件对其加以运算，获得了整体模型相关的路径系数和拟合指标，如表 5-4 所示。

表 5-4　初始结构方程整体模型的参数估计

路径	非标准化系数	标准化系数	标准误 （S.E.）	临界比值 （C.R.）	显著性 p 值
辅助性知识耦合←联盟伙伴多样性	0.186	0.178	0.097	1.919	0.062
辅助性知识耦合←关系联结强度	0.285	0.263	0.094	3.037	***
辅助性知识耦合←网络位置权力	0.117	0.136	0.048	2.446	0.018
辅助性知识耦合←共同愿景	0.217	0.205	0.052	4.152	***
互补性知识耦合←联盟伙伴多样性	0.205	0.163	0.088	2.331	0.027
互补性知识耦合←关系联结强度	0.298	0.264	0.071	4.212	***
互补性知识耦合←网络位置权力	0.113	0.141	0.022	5.137	***
互补性知识耦合←共同愿景	0.177	0.165	0.052	3.421	***
企业创新能力←联盟伙伴多样性	0.105	0.122	0.072	1.451	0.138
企业创新能力←关系联结强度	0.288	0.235	0.058	4.997	***
企业创新能力←网络位置权力	0.119	0.103	0.044	2.725	0.006
企业创新能力←共同愿景	0.285	0.259	0.09	3.162	***
企业创新能力←辅助性知识耦合	0.234	0.198	0.064	3.659	***
企业创新能力←互补性知识耦合	0.296	0.305	0.080	3.717	***
企业创新能力←企业年龄	0.115	0.108	0.064	1.789	0.076
企业创新能力←企业规模	0.007	0.012	0.004	1.889	0.064
企业创新能力←联盟所有制	0.023	0.019	0.014	1.648	0.102
企业创新能力←研发强度	0.245	0.231	0.068	3.586	***
模型适配度指数	χ^2/df=2.625；$RMSEA$=0.085；GFI=0.859；NFI=0.872；IFI=0.917；TLI=0.908；CFI=0.916				

注：*** 表示显著性水平 $p < 0.001$。

从表 5-4 的路径系数中，我们可以发现：首先，关系联结强度（标准化路径系数为 0.263，$p < 0.001$）、网络位置权力（标准化路径系数为 0.136，$p < 0.05$）以及共同愿景（标准化路径系数为 0.205，$p < 0.001$）显著正向

影响辅助性知识耦合，但联盟伙伴多样性（标准化路径系数为 0.178，$p >$ 0.05）对辅助性知识耦合正向作用并不显著。同时，联盟伙伴多样性（标准化路径系数为 0.163，$p < 0.05$）、关系联结强度（标准化路径系数为 0.264，$p < 0.001$）、网络位置权力（标准化路径系数为 0.141，$p < 0.001$）以及共同愿景（标准化路径系数为 0.165，$p < 0.001$）显著正向影响互补性知识耦合。其次，关系联结强度（标准化路径系数为 0.235，$p < 0.001$）、网络位置权力（标准化路径系数为 0.103，$p < 0.01$）以及共同愿景（标准化路径系数为 0.259，$p < 0.001$）显著正向影响企业创新能力，但联盟伙伴多样性（标准化路径系数为 0.122，p=0.138 > 0.05，$C.R.$=1.451 < 1.96）对企业创新能力的正向作用并不显著。最后，辅助性知识耦合（标准化路径系数为 0.198，$p < 0.001$）和互补性知识耦合（标准化路径系数为 0.305，$p < 0.001$）均显著正向影响企业创新能力。

从表 5-4 的拟合结果中，我们可以发现：χ^2/df=2.625；$RMSEA$=0.085；GFI=0.859；NFI=0.872；IFI=0.917；TLI=0.908；CFI=0.916。根据已有国内外研究的判别标准，$RMSEA$ 值、GFI 值和 NFI 值均不在可接受的范围内，因此，初始结构方程模型并未通过检验。

四、整体模型的修正与确定

从上文可以发现，初始结构方程模型并未通过检验，其原因有二：一方面是结构假定方面存在的问题，通常是由于界定有误所引起的。若模型未通过检验的原因，是由内部界定有误引起的，则可以对结构方程模型中错误、遗漏等路径加以修正。若是由外部界定有误，造成的模型未通过检验，则无法通过对路径进行调整和修正来加以改正。另一方面就是样本数据并不符合正态分布的假定，从而造成初始结构方程模型与样本数据所揭示的情况相偏离。

对模型修正主要采取两种方法：一种是通过模型的修正指数 MI（modification indices），增加残差间协方差的相关关系，来调整结构方程模型。若修正指数 $MI > 3.84$，则对模型的参数路径进行修改是合适的。另一种是检验模型中路径的参数估计，通过增减自变量间的路径关系来调整模型。

从表5-4中，我们可以看到：部分拟合指标并未达到所要求的最低值，且部分路径系数显著性值 $p > 0.05$，$C.R.$ 值也小于门槛值1.96。初始模型中，"企业创新能力←联盟伙伴多样性""辅助性知识耦合←联盟伙伴多样性""企业创新能力←企业年龄""企业创新能力←企业规模"以及"企业创新能力←联盟所有制"等5条路径的显著性系数 $p > 0.05$，且 $C.R.$ 值也小于门槛值1.96。因此，需要对这5条路径加以调整和修正。鉴于"企业创新能力←联盟伙伴多样性"路径的 p 值、$C.R.$ 值与参考范围值相差最大（标准化路径系数为0.122，$p=0.138 > 0.05$，$C.R.=1.451 < 1.96$），本书在第一次模型修正时，首先删除了该路径。修正后模型的参数估计结果和拟合指标如表5-5所示。

表5-5　第一次模型修正后的参数估计

路径	非标准化系数	标准化系数	标准误（S.E.）	临界比值（C.R.）	显著性 p 值
辅助性知识耦合←联盟伙伴多样性	0.186	0.179	0.097	1.912	0.063
辅助性知识耦合←关系联结强度	0.285	0.263	0.094	3.038	***
辅助性知识耦合←网络位置权力	0.117	0.137	0.048	2.451	0.017
辅助性知识耦合←共同愿景	0.217	0.206	0.052	4.158	***
互补性知识耦合←联盟伙伴多样性	0.204	0.162	0.088	2.329	0.026
互补性知识耦合←关系联结强度	0.298	0.264	0.071	4.211	***
互补性知识耦合←网络位置权力	0.113	0.141	0.022	5.138	***
互补性知识耦合←共同愿景	0.177	0.165	0.052	3.423	***
企业创新能力←关系联结强度	0.287	0.234	0.057	4.992	***
企业创新能力←网络位置权力	0.119	0.102	0.044	2.718	0.005
企业创新能力←共同愿景	0.285	0.258	0.09	3.159	***

路径	非标准化系数	标准化系数	标准误（S.E.）	临界比值（C.R.）	显著性P值
企业创新能力←辅助性知识耦合	0.234	0.197	0.064	3.652	***
企业创新能力←互补性知识耦合	0.295	0.304	0.078	3.711	***
企业创新能力←企业年龄	0.116	0.109	0.065	1.791	0.075
企业创新能力←企业规模	0.008	0.013	0.004	1.896	0.064
企业创新能力←联盟所有制	0.023	0.019	0.014	1.652	0.095
企业创新能力←研发强度	0.246	0.232	0.068	3.593	***
模型适配度指数	χ^2/df=2.622；$RMSEA$=0.083；GFI=0.874；NFI=0.889；IFI=0.922；TLI=0.913；CFI=0.925				

注：*** 表示显著性水平 $p < 0.001$。

从表 5-5 的拟合结果中可以发现：χ^2/df=2.622；$RMSEA$=0.083；GFI=0.874；NFI=0.889；IFI=0.922；TLI=0.913；CFI=0.925。因此，相对于初始模型的拟合指标，第一次修正后的结构方程模型的指标均有所提升。但 $RMSEA$ 值、GFI 值和 NFI 值仍不在可接受的范围内，故此，第一次修正后的模型仍需进一步调整。

另外，从表 5-5 的参数估计中可以看出："辅助性知识耦合←联盟伙伴多样性""企业创新能力←企业年龄""企业创新能力←企业规模""企业创新能力←联盟所有制"4 条路径仍旧不显著（$p > 0.05$），且这几条路径的 C.R. 值也小于门槛值 1.96。依据模型的路径系数 p 值、C.R. 值与参考范围值相差较大，本书删除"企业创新能力←联盟所有制""企业创新能力←企业年龄""企业创新能力←企业规模""辅助性知识耦合←联盟伙伴多样性"这 4 条路径。初始结构方程模型经过再次修正后，得到了最终的结构方程模型，见表 5-6 所示。从表 5-6 中可以发现：χ^2/df=2.473，小于门槛值 3；$RMSEA$=0.063，小于门槛值 0.08；GFI=0.911，大于门槛值 0.9；NFI=0.917，大于门槛值 0.9；IFI=0.938，大于门槛值 0.9；TLI=0.926，大

于门槛值 0.9；*CFI*=0.943，大于门槛值 0.9。最终结构方程模型的拟合指标
均达到了参考范围值，表明本书模型的拟合情况良好。同时，从表 5-6 中
可以发现，最终模型中有 13 条路径在 $p < 0.05$ 显著，其中，这 13 条显著
的路径系数均为正值，这表明上述路径关系均为正向作用关系。

表 5-6　最终模型修正后的参数估计

路径	非标准化系数	标准化系数	标准误（*S.E.*）	临界比值（*C.R.*）	显著性 *p* 值
辅助性知识耦合←关系联结强度	0.286	0.264	0.094	3.045	***
辅助性知识耦合←网络位置权力	0.119	0.137	0.049	2.452	0.017
辅助性知识耦合←共同愿景	0.216	0.205	0.052	4.143	***
互补性知识耦合←联盟伙伴多样性	0.204	0.161	0.088	2.311	0.023
互补性知识耦合←关系联结强度	0.295	0.263	0.07	4.194	***
互补性知识耦合←网络位置权力	0.111	0.141	0.022	5.135	***
互补性知识耦合←共同愿景	0.178	0.166	0.052	3.429	***
企业创新能力←关系联结强度	0.284	0.232	0.057	4.967	***
企业创新能力←网络位置权力	0.122	0.103	0.045	2.724	0.004
企业创新能力←共同愿景	0.284	0.257	0.09	3.153	***
企业创新能力←辅助性知识耦合	0.235	0.198	0.064	3.658	***
企业创新能力←互补性知识耦合	0.291	0.306	0.078	3.732	***
企业创新能力←研发强度	0.246	0.232	0.068	3.594	***
模型适配度指数	χ^2/df=2.473；*RMSEA*=0.063；*GFI*=0.911；*NFI*=0.917；*IFI*=0.938；*TLI*=0.926；*CFI*=0.943				

注：*** 表示显著性水平 $p < 0.001$。

修正后的最优结构方程模型如图 5-5 所示。从图 5-5 中可以发现，最
终模型中仍存有的路径为："辅助性知识耦合←关系联结强度""辅助性知
识耦合←网络位置权力""辅助性知识耦合←共同愿景""互补性知识
耦合←联盟伙伴多样性""互补性知识耦合←关系联结强度""互补性知
识耦合←网络位置权力""互补性知识耦合←共同愿景""企业创新能力←
关系联结强度""企业创新能力←网络位置权力""企业创新能力←共同愿
景""企业创新能力←辅助性知识耦合""企业创新能力←互补性知识耦
合""企业创新能力←研发强度"。

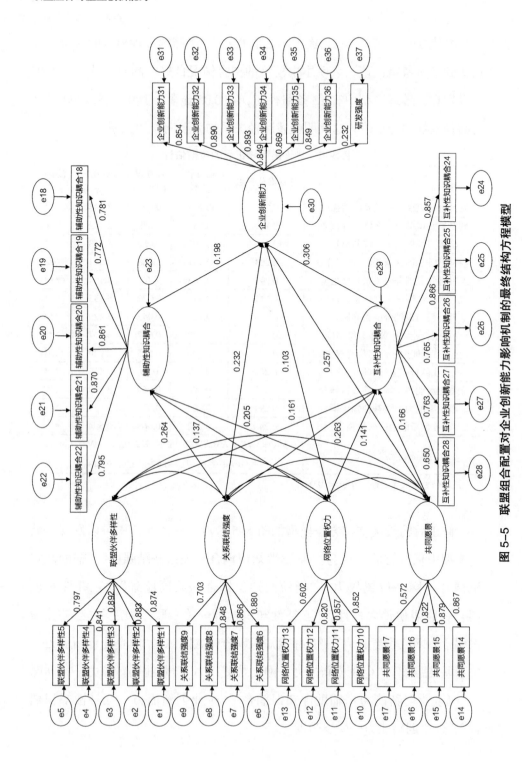

图 5-5 联盟组合配置对企业创新能力影响机制的最终结构方程模型

五、中介效用的分析与验证

早期对中介效应的检验，学术界大多采用伯恩和肯尼（Baron & Kenny）所提出的逐步法，因为逐步法操作简单，容易理解且解释难度不高。[1] 但逐步法的缺点也十分明显，即以此检验所得到的结果，在所有的中介效应检验方法中，其检验效力是最低的。也就是说，逐步法容易造成中介效应显著的遗漏。因此，近年来逐步法不断受到一些学者的批评和质疑，甚至有学者呼吁停止在中介效应检验时采用逐步法，改为目前普遍认为比较好的自展法，通过它的直接检验系数乘积来判断中介效应。本书借鉴了温忠麟等的建议对中介效应进行检验，即将逐步检验法和自展法并行考虑。[2] 先通过逐步检验法检查自变量和中介变量之间回归方程的系数 a，以及中介变量和因变量之间回归方程的系数 b，如果其中之一具有不显著，则接下来利用自展法直接检验系数乘积 ab 以提高中介效应检验时的检验力。

鉴于表5-4中自变量联盟伙伴多样性与辅助性知识耦合之间的关系不显著，本书在逐步检验法的基础上，进一步用自展法进行中介效应检验。因此，为了验证辅助性知识耦合与互补性知识耦合在上述关系中的中介作用，本书对联盟组合配置、知识耦合以及企业创新能力之间关系的间接效应进行显著性检验。通过对385份问卷样本数据的5000次的抽样分析，所得结果如表5-7所示。检验结果表明，95% 的置信区间显示，除了联盟伙伴多样性→辅助性知识耦合→企业创新能力的中介路径检验结果包含0，关系联结强度→辅助性知识耦合→企业创新能力、网络位置权力→辅助性知识耦合→企业创新能力、共同愿景→辅助性知识耦合→企业创新能

---

[1] BARON R M, KENNY D A. The moderator–mediator variable distinction in social psychological research: Conceptual, strategic, and statistical considerations [J]. Journal of Personality and Social Psychology, 1986, 51（6）: 1173–1182.

[2] 温忠麟，侯杰泰，张雷. 调节效应与中介效应的比较和应用 [J]. 心理学报，2005, 37（2）: 268–274.

力、联盟伙伴多样性→互补性知识耦合→企业创新能力、关系联结强度→
互补性知识耦合→企业创新能力、网络位置权力→互补性知识耦合→企业
创新能力、共同愿景→互补性知识耦合→企业创新能力等 7 条中介路径检
验结果均没有包含 0。因此，本书可以得出以下结论：辅助性知识耦合中
介了联盟组合配置（关系联结强度、网络位置权力、共同愿景）与企业创
新能力之间的关系，而辅助性知识耦合在联盟伙伴多样性与企业创新能力
之间的中介效应不显著；互补性知识耦合中介了联盟组合配置（联盟伙伴
多样性、关系联结强度、网络位置权力、共同愿景）与企业创新能力之间
的关系。因此，H10b、H10c、H10d、H11a、H11b、H11c、H11d 得到支持，
但 H10a 没有得到支持。

表 5–7　中介效应自展法检验分析结果

中介路径	完全标准化中介效应	95% 置信区间	
		下限	上限
联盟伙伴多样性→辅助性知识耦合→企业创新能力	0.015	−0.051	0.148
关系联结强度→辅助性知识耦合→企业创新能力	0.116	0.068	0.201
网络位置权力→辅助性知识耦合→企业创新能力	0.052	0.016	0.137
共同愿景→辅助性知识耦合→企业创新能力	0.133	0.113	0.312
联盟伙伴多样性→互补性知识耦合→企业创新能力	0.087	−0.214	−0.092
关系联结强度→互补性知识耦合→企业创新能力	0.168	0.141	0.463
网络位置权力→互补性知识耦合→企业创新能力	0.115	0.141	0.279
共同愿景→互补性知识耦合→企业创新能力	0.214	0.115	0.367

六、模型效应分解

为了进一步解释其参数估计的合理性，还应该对修正后的结构方程模
型进行相应的效应分解，表 5–8 是对最终结构方程模型的效应分解。从表中
可以发现，联盟伙伴多样性对企业创新能力有间接的正向关系；关系联结强
度对企业创新能力有直接和间接的正向关系；网络位置权力对企业创新能力
有直接和间接的正向关系；共同愿景对企业创新能力有直接和间接的正向关

系；辅助性知识耦合对企业创新能力有直接的正向关系；互补性知识耦合对企业创新能力有直接的正向关系。通过对修正后的最终结构方程进行效应分解，本书不仅进一步打开了联盟组合配置与企业创新能力作用机制的黑箱，还再一次厘清和验证了辅助性知识耦合和互补性知识耦合在这其中的作用路径与机制，这对于联盟组合理论、组织知识创造理论等的丰富和完善起到了积极的推动作用，同时也是对创新能力研究的有利补充。

表5-8　最终结构方程模型的效应分解

效应分解	结果变量	辅助性知识耦合	互补性知识耦合	联盟伙伴多样性	关系联结强度	网络位置权力	共同愿景
总效应	辅助性知识耦合	0.000	0.000	0.000	0.264	0.137	0.205
	互补性知识耦合	0.000	0.000	0.161	0.263	0.141	0.166
	企业创新能力	0.198	0.306	0.049	0.365	0.173	0.364
直接效应	辅助性知识耦合	0.000	0.000	0.000	0.264	0.137	0.205
	互补性知识耦合	0.000	0.000	0.161	0.263	0.141	0.166
	企业创新能力	0.198	0.306	0.049	0.232	0.103	0.257
间接效应	辅助性知识耦合	——	——	0.000	0.000	0.000	0.000
	互补性知识耦合	——	——	0.000	0.000	0.000	0.000
	企业创新能力	0.000	0.000	0.049	0.133	0.070	0.107

七、结构方程模型的研究结果汇总

根据最终确立的结构方程模型，以及表5-8中对中介效应的分析与验证，我们可以得出联盟组合配置对企业创新能力作用机制的概念修正模型，如图5-6所示。

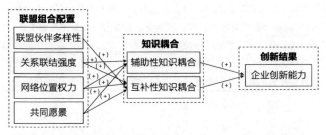

图5-6　联盟组合配置对企业创新能力作用机制的模型修正

在大样本问卷调查的基础上，本书对所收集到的数据进行了结构方程建模研究。研究结果显示，联盟组合配置是通过正向作用于知识耦合进而正向影响企业创新能力的。验证研究假设的汇总情况如表5-9所示。

表5-9　联盟组合配置对企业创新能力作用机制研究的假设情况汇总

假设	假设内容	验证结果
H1	联盟伙伴多样性对企业创新能力有正向影响	通过
H2	关系联结强度对企业创新能力有正向影响	通过
H3	网络位置权力对企业创新能力有正向影响	通过
H4	共同愿景对企业创新能力有正向影响	通过
H5	联盟伙伴多样性对知识耦合有正向影响	部分通过
H5a	联盟伙伴多样性对辅助性知识耦合有正向影响	不通过
H5b	联盟伙伴多样性对互补性知识耦合有正向影响	通过
H6	关系联结强度对知识耦合有正向影响	通过
H6a	关系联结强度对辅助性知识耦合有正向影响	通过
H6b	关系联结强度对互补性知识耦合有正向影响	通过
H7	网络位置权力对知识耦合有正向影响	通过
H7a	网络位置权力对辅助性知识耦合有正向影响	通过
H7b	网络位置权力对互补性知识耦合有正向影响	通过
H8	共同愿景对知识耦合有正向影响	通过
H8a	共同愿景对辅助性知识耦合有正向影响	通过
H8b	共同愿景对互补性知识耦合有正向影响	通过
H9	知识耦合对企业创新能力有正向影响	通过
H9a	辅助性知识耦合对企业创新能力有正向影响	通过
H9b	互补性知识耦合对企业创新能力有正向影响	通过
H10	辅助性知识耦合在联盟组合配置和企业创新能力的关系中起着中介作用	部分通过
H10a	辅助性知识耦合在联盟伙伴多样性和企业创新能力的关系中起着中介作用	不通过
H10b	辅助性知识耦合在关系联结强度和企业创新能力的关系中起着中介作用	通过
H10c	辅助性知识耦合在网络位置权力和企业创新能力的关系中起着中介作用	通过
H10d	辅助性知识耦合在共同愿景和企业创新能力的关系中起着中介作用	通过
H11	互补性知识耦合在联盟组合配置和企业创新能力的关系中起着中介作用	通过
H11a	互补性知识耦合在联盟伙伴多样性和企业创新能力的关系中起着中介作用	通过
H11b	互补性知识耦合在关系联结强度和企业创新能力的关系中起着中介作用	通过
H11c	互补性知识耦合在网络位置权力和企业创新能力的关系中起着中介作用	通过
H11d	互补性知识耦合在共同愿景和企业创新能力的关系中起着中介作用	通过

第二节 联盟管理能力的调节作用验证

根据前面章节的理论分析和实证检验，本书逐步揭示联盟组合配置作用于企业创新能力的本质过程，即联盟组合配置可以通过知识耦合（辅助性知识耦合和互补性知识耦合）促进企业创新能力。此外，异质性知识在联盟组合内的有效转移与共享，进而创造联盟价值，还需要稳定的联盟环境和信任关系。换句话说，焦点企业从联盟组合中知识吸收、转移以及创造的过程，还受到有关权变关系的影响，也即调节变量的影响。一般而言，学术界在陈述有关调节变量的问题时，会采取：在什么水平／条件／情况下，X对Y的影响效应更大，或X能更好地预测Y的变化。但是，在这种情况下，调节效应检验成立的前提是自变量与因变量之间存在因果关系。因此，本书在联盟组合配置与知识耦合的正向关系已验证的基础上，拟引入联盟管理能力来构建稳定的联盟环境和信任关系，进而希望通过透视合作前瞻能力和关系治理能力的调节效应，了解联盟组合配置如何影响知识耦合的作用机制。

一、相关分析

表 5-10 中给出了变量的均值、标准差和相关性系数。通过对表中的数据分析，发现联盟伙伴多样性、关系联结强度、网络位置权力、共同愿景、合作前瞻能力、关系治理能力、辅助性知识耦合和互补性知识耦合之间均存在一定的显著相关性，且各变量的相关系数均小于 0.5，这为本书的进一步回归分析奠定了基础。

表 5-10　变量描述性统计分析结果

变量	1	2	3	4	5	6	7	8	9	10	11	12
1 联盟伙伴多样性	1											
2 关系联结强度	0.311**	1										
3 网络位置权力	0.243**	0.298**	1									
4 共同愿景	0.293**	0.308**	0.338**	1								
5 辅助性知识耦合	0.212	0.265**	0.176**	0.266**	1							
6 互补性知识耦合	0.251**	0.298**	0.213**	0.223**	0.214**	1						
7 合作前瞻能力	0.242**	0.267**	0.287**	0.310**	0.285**	0.312**	1					
8 关系治理能力	0.209**	0.269**	0.294**	0.315**	0.303**	0.310**	0.396**	1				
9 企业年龄	0.06	0.027	0.011	0.05	0.051	0.002	0.018	0.041	1			
10 企业规模	0.029	0.041	0.015	0.03	0.018	0.041	0.001	0.028	0.102**	1		
11 联盟所有制	0.024	0.006	0.004	0.017	0.024	0.035	0.047	0.03	0.064	0.048	1	
12 研发强度	0.093	0.057	0.056	0.089	0.052*	0.063*	0.022	0.021	0.106*	0.094**	0.014	1
均值	3.826	3.870	3.757	3.714	3.614	3.616	3.514	3.694	1.732	6.067	0.588	2.893
标准差	0.549	0.743	1.054	0.371	1.041	1.052	0.646	0.096	0.148	2.171	0.625	1.044

注：*** 表示 $p < 0.001$，** 表示 $p < 0.01$，* 表示 $p < 0.05$。

二、模型回归分析

为了保证回归分析结果的可靠性和严谨性，在做回归分析之前，需要提前检验模型的多重共线性问题、序列相关性问题以及异方差性问题。多重共线性问题一般用方差膨胀因子（VIF）加以诊断，当 $1 < VIF < 10$ 时，表明变量之间的共线性问题并不严重。序列相关性问题判断的依据是杜宾–沃森（DW）值。研究表明，当 $1.5 \leqslant DW \leqslant 2.5$ 时，模型的序列相关性问题并不存在。而对于存在的异方差性问题，一般是采用回归模型的残差项散点图（其中，横轴为模型的标准化预测值；纵轴为模型的标准化残差值），是否在 0 值上下以随机波动的状态来加以判断。检验发现，本书模型的 VIF 值位于 1.493 ~ 7.164，表明回归模型中变量之间的多重共线性问题并不严重。本书的数据来源于问卷收集，因此，其截面的特征可以初步断定为本书模型的序列相关性问题并不存在。此外，本书还进一步检验

了 *DW* 值，发现回归模型的 *DW* 值位于 2 附近，因此，可进一步表明本书模型无序列相关性问题。最后，本书回归模型的残差项散点图水平分布在 0 值上下随机波动，因此，可以表明本书回归模型并没有出现异方差性问题。另外，为了消除量纲、变化幅度等问题对数据所造成的影响，以及进一步避免潜在的多重共线性问题，本书还将涉及的交互项全部做了中心化处理。

（一）辅助性知识耦合回归结果

表 5-11 为联盟管理能力调节联盟组合配置与辅助性知识耦合关系的层次回归分析结果。模型 1 为基准模型，检验的是控制变量与辅助性知识耦合之间的关系。模型 2 是在模型 1 的基础上，检验自变量联盟组合配置四个维度、调节变量联盟管理能力两个维度与辅助性知识耦合之间的关系。结果显示：联盟伙伴多样性与辅助性知识耦合之间的关系不成立（$\beta=0.199$，$p > 0.05$）；关系联结强度显著正向影响辅助性知识耦合（$\beta=0.213$，$p < 0.001$）；网络位置权力显著正向影响辅助性知识耦合（$\beta=0.136$，$p < 0.01$）；共同愿景显著正向影响辅助性知识耦合（$\beta=0.306$，$p < 0.001$）；合作前瞻能力显著正向影响辅助性知识耦合（$\beta=0.275$，$p < 0.01$）；关系治理能力显著正向影响辅助性知识耦合（$\beta=0.175$，$p < 0.01$）。

表 5-11　联盟管理能力对辅助性知识耦合影响的回归分析

变量			辅助性知识耦合				
			模型 1	模型 2	模型 3	模型 4	模型 5
控制变量		企业年龄	0.067	0.044	0.035	0.042	0.04
		企业规模	0.017	0.012	0.019	0.021	0.024
		联盟所有制	0.062	0.033	0.028	0.023	0.023
		研发强度	0.095*	0.032*	0.03	0.029*	0.028
自变量		联盟伙伴多样性		0.199	0.137	0.173	0.142
		关系联结强度		0.213***	0.162***	0.201***	0.155**
		网络位置权力		0.136**	0.104**	0.118**	0.101*
		共同愿景		0.306***	0.212***	0.264**	0.194**

变量		辅助性知识耦合				
		模型 1	模型 2	模型 3	模型 4	模型 5
调节变量	合作前瞻能力		0.275**	0.187**	0.232**	0.173*
	关系治理能力		0.175**	0.123*	0.139*	0.114*
交互项	联盟伙伴多样性 × 合作前瞻能力			0.119**		0.108*
	关系联结强度 × 合作前瞻能力			0.042		0.033
	网络位置权力 × 合作前瞻能力			0.096*		0.092*
	共同愿景 × 合作前瞻能力			0.112**		0.105**
	联盟伙伴多样性 × 关系治理能力				0.126*	0.111*
	关系联结强度 × 关系治理能力				0.058	0.047
	网络位置权力 × 关系治理能力				0.108*	0.091*
	共同愿景 × 关系治理能力				0.076**	0.053*
R^2		0.013	0.643	0.649	0.658	0.672
调整后 R^2		0.012	0.634	0.636	0.646	0.665
F 值		6.214***	67.319***	48.861***	46.645***	27.847***

注：*** 表示 $p < 0.001$，** 表示 $p < 0.01$，* 表示 $p < 0.05$。

模型 3 是在模型 2 的基础上，增加了联盟组合配置各维度与调节变量合作前瞻能力的交互项。模型 3 的结果显示，联盟伙伴多样性与合作前瞻能力交互项的系数显著正相关（β=0.119，$p < 0.01$），这表明合作前瞻能力在联盟伙伴多样性与辅助性知识耦合之间起正向调节作用，H12a 得到验证。关系联结强度与合作前瞻能力交互项的系数不显著（β=0.042，$p > 0.1$），表明合作前瞻能力并没有调节关系联结强度对辅助性知识耦合的影响关系，H13a 未得到验证。网络位置权力与合作前瞻能力交互项的系数显著正相关（β=0.096，$p < 0.05$），这表明合作前瞻能力正向调节网络位置权力对辅助性知识耦合的影响关系，H14a 得到验证。共同愿景与合作前瞻能力交互项的系数显著正相关（β=0.112，$p < 0.01$），这表明合作前瞻能力正向调节共同愿景对辅助性知识耦合的影响关系，H15a 得到验证。

模型 4 是在模型 2 的基础上，增加了联盟组合配置各维度与调节变量关系治理能力的交互项。模型 4 的结果显示，联盟伙伴多样性与关系治理能力交互项的系数显著正相关（β=0.126，$p < 0.05$），这表明关系治理能力正向调节联盟伙伴多样性对辅助性知识耦合的影响关系，H16a 得到验证。关系联结强度与关系治理能力交互项的系数不显著（β=0.058，$p > 0.1$），表明关系治理能力并没有调节关系联结强度对辅助性知识耦合的影响关系，H17a 未得到验证。网络位置权力与关系治理能力交互项的系数显著正相关（β=0.108，$p < 0.05$），这表明关系治理能力正向调节网络位置权力对辅助性知识耦合的影响关系，H18a 得到验证。共同愿景与关系治理能力交互项的系数显著正相关（β=0.076，$p < 0.01$），这表明关系治理能力正向调节共同愿景对辅助性知识耦合的影响关系，H19a 得到验证。

（二）互补性知识耦合回归结果

表 5-12 为联盟管理能力调节联盟组合配置与互补性知识耦合关系的层次回归分析结果。模型 6 为基准模型，检验的是控制变量与互补性知识耦合之间的关系。模型 7 是在模型 6 的基础上，检验自变量联盟组合配置四个维度、调节变量联盟管理能力两个维度与互补性知识耦合之间的关系。结果显示：联盟伙伴多样性显著正向影响互补性知识耦合（β=0.262，$p < 0.01$）；关系联结强度显著正向影响互补性知识耦合（β=0.286，$p < 0.01$）；网络位置权力显著正向影响互补性知识耦合（β=0.193，$p < 0.01$）；共同愿景显著正向影响互补性知识耦合（β=0.314，$p < 0.001$）；合作前瞻能力显著正向影响互补性知识耦合（β=0.258，$p < 0.001$）；关系治理能力显著正向影响互补性知识耦合（β=0.263，$p < 0.001$）。

表 5-12　联盟管理能力对互补性知识耦合影响的回归分析

变量		互补性知识耦合				
		模型 6	模型 7	模型 8	模型 9	模型 10
控制变量	企业年龄	0.029	0.028	0.028	0.028	0.027
	企业规模	0.038	0.039	0.042	0.043	0.041
	联盟所有制	0.072	0.046	0.046	0.047	0.021
	研发强度	0.072*	0.034*	0.033	0.034	0.033

变量		互补性知识耦合				
		模型 6	模型 7	模型 8	模型 9	模型 10
自变量	联盟伙伴多样性		0.262**	0.234**	0.221**	0.184*
	关系联结强度		0.286**	0.227**	0.233**	0.211**
	网络位置权力		0.193**	0.169*	0.155*	0.137*
	共同愿景		0.314***	0.262***	0.269***	0.218**
调节变量	合作前瞻能力		0.258***	0.207***	0.224***	0.189**
	关系治理能力		0.263***	0.223***	0.208***	0.194**
交互项	联盟伙伴多样性 × 合作前瞻能力			0.124**		0.118*
	关系联结强度 × 合作前瞻能力			0.098**		0.081**
	网络位置权力 × 合作前瞻能力			0.073*		0.066*
	共同愿景 × 合作前瞻能力			0.113**		0.106**
	联盟伙伴多样性 × 关系治理能力				0.118**	0.112*
	关系联结强度 × 关系治理能力				0.092**	0.077**
	网络位置权力 × 关系治理能力				0.084*	0.068*
	共同愿景 × 关系治理能力				0.107**	0.099**
R^2		0.124	0.512	0.539	0.554	0.573
调整后 R^2		0.121	0.505	0.529	0.548	0.569
F 值		5.406***	53.248***	44.845***	45.693***	34.693***

注：*** 表示 $p < 0.001$，** 表示 $p < 0.01$，* 表示 $p < 0.05$。

模型 8 是在模型 7 的基础上，增加了联盟组合配置各维度与调节变量合作前瞻能力的交互项。模型 8 的结果显示，联盟伙伴多样性与合作前瞻能力交互项的系数显著正相关（$\beta=0.124$，$p < 0.01$），这表明合作前瞻能力正向调节联盟伙伴多样性对互补性知识耦合的影响关系，H12b 得到验证。关系联结强度与合作前瞻能力交互项的系数显著正相关（$\beta=0.098$，$p < 0.01$），这表明合作前瞻能力正向调节关系联结强度对互补性知识耦合的影响关系，H13b 得到验证。网络位置权力与合作前瞻能力交互项的系数显著正相关（$\beta=0.073$，$p < 0.05$），这表明合作前瞻能力正向调节网络位置权力对互补性知识耦合的影响关系，H14b 得到验证。共同愿景与合作前瞻能力交互项的系数显著正相关（$\beta=0.113$，$p < 0.01$），这表明合作前瞻能力正向调节共同愿景对互补性知识耦合的影响关系，H15b 得到验证。

模型9是在模型7的基础上，增加了联盟组合配置各维度与调节变量关系治理能力的交互项。模型9的结果显示，联盟伙伴多样性与关系治理能力交互项的系数显著正相关（$\beta=0.118$，$p < 0.01$），这表明关系治理能力正向调节联盟伙伴多样性对互补性知识耦合的影响关系，H16b得到验证。关系联结强度与关系治理能力交互项的系数显著正相关（$\beta=0.092$，$p < 0.01$），这表明关系治理能力正向调节关系联结强度对互补性知识耦合的影响关系，H17b得到验证。网络位置权力与关系治理能力交互项的系数显著正相关（$\beta=0.084$，$p < 0.05$），这表明关系治理能力正向调节网络位置权力对互补性知识耦合的影响关系，H18b得到验证。共同愿景与关系治理能力交互项的系数显著正相关（$\beta=0.107$，$p < 0.01$），这表明关系治理能力正向调节共同愿景对互补性知识耦合的影响关系，H19b得到验证。

三、回归结果汇总

本节验证和修正了调节变量合作前瞻能力和关系治理能力分别对联盟组合配置与知识耦合权变关系的概念模型。结果表明，联盟管理能力（合作前瞻能力和关系治理能力）对联盟组合配置各维度与辅助性知识耦合、联盟组合配置各维度与互补性知识耦合的关系有显著的调节作用。验证结果汇总如表5-13所示。

表5-13 联盟管理能力调节效应的验证结果汇总

假设	假设内容	验证结果
H12	合作前瞻能力正向调节联盟伙伴多样性与知识耦合之间的关系	通过
H12a	合作前瞻能力正向调节联盟伙伴多样性与辅助性知识耦合之间的关系	通过
H12b	合作前瞻能力正向调节联盟伙伴多样性与互补性知识耦合之间的关系	通过
H13	合作前瞻能力正向调节关系联结强度与知识耦合之间的关系	部分通过
H13a	合作前瞻能力正向调节关系联结强度与辅助性知识耦合之间的关系	未通过
H13b	合作前瞻能力正向调节关系联结强度与互补性知识耦合之间的关系	通过
H14	合作前瞻能力正向调节网络位置权力与知识耦合之间的关系	通过
H14a	合作前瞻能力正向调节网络位置权力与辅助性知识耦合之间的关系	通过

假设	假设内容	验证结果
H14b	合作前瞻能力正向调节网络位置权力与互补性知识耦合之间的关系	通过
H15	合作前瞻能力正向调节共同愿景与知识耦合之间的关系	通过
H15a	合作前瞻能力正向调节共同愿景与辅助性知识耦合之间的关系	通过
H15b	合作前瞻能力正向调节共同愿景与互补性知识耦合之间的关系	通过
H16	关系治理能力正向调节联盟伙伴多样性与知识耦合之间的关系	通过
H16a	关系治理能力正向调节联盟伙伴多样性与辅助性知识耦合之间的关系	通过
H16b	关系治理能力正向调节联盟伙伴多样性与互补性知识耦合之间的关系	通过
H17	关系治理能力正向调节关系联结强度与知识耦合之间的关系	部分通过
H17a	关系治理能力正向调节关系联结强度与辅助性知识耦合之间的关系	未通过
H17b	关系治理能力正向调节关系联结强度与互补性知识耦合之间的关系	通过
H18	关系治理能力正向调节网络位置权力与知识耦合之间的关系	通过
H18a	关系治理能力正向调节网络位置权力与辅助性知识耦合之间的关系	通过
H18b	关系治理能力正向调节网络位置权力与互补性知识耦合之间的关系	通过
H19	关系治理能力正向调节共同愿景与知识耦合之间的关系	通过
H19a	关系治理能力正向调节共同愿景与辅助性知识耦合之间的关系	通过
H19b	关系治理能力正向调节共同愿景与互补性知识耦合之间的关系	通过

图 5-7 为联盟管理能力（合作前瞻能力和关系治理能力）对联盟组合配置各维度与知识耦合（辅助性知识耦合和互补性知识耦合）的最终调节作用模型。合作前瞻能力分别对联盟伙伴多样性与辅助性知识耦合及互补性知识耦合、关系联结强度与互补性知识耦合、网络位置权力与辅助性知识耦合及互补性知识耦合、共同愿景与辅助性知识耦合及互补性知识耦合具有显著的调节作用；关系治理能力分别对联盟伙伴多样性与辅助性知识耦合及互补性知识耦合、关系联结强度与互补性知识耦合、网络位置权力与辅助性知识耦合及互补性知识耦合、共同愿景与辅助性知识耦合及互补性知识耦合具有显著的调节作用。

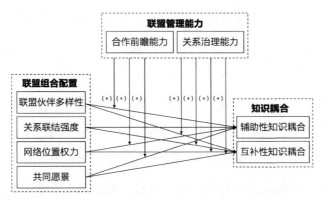

图 5-7　最终确定的联盟管理能力的调节效应模型

第三节　结果与讨论

本章主要目的是验证第四章所提出的研究假设。具体的验证流程为：首先，利用结构方程模型以及中介检验方法，验证了自变量联盟组合配置（联盟伙伴多样性、关系联结强度、网络位置权力以及共同愿景）、中介变量知识耦合（辅助性知识耦合和互补性知识耦合）和因变量企业创新能力三者之间的关系；其次，利用多元回归分析，检验了联盟管理能力（合作前瞻能力和关系治理能力）调节联盟组合配置与辅助性知识耦合之间的关系，以及联盟管理能力调节联盟组合配置与互补性知识耦合之间的关系。

一、联盟组合配置与企业创新能力之间的关系探讨

（一）联盟伙伴多样性对企业创新能力的作用机制分析

本书假设的联盟伙伴多样性对企业创新能力的正向影响得到了实证的

验证。从表 5-1 的路径系数中，我们可以发现，在企业创新能力←联盟伙伴多样性的路径中，标准化路径系数为 0.156（$p < 0.05$），表明联盟伙伴多样性对企业创新能力产生了显著的积极影响。这表明，多样性的知识源给企业提供了各种解决问题的启发式方法，同时还可以挖掘新知识组合运用的探索式情景。通过搜索多样性的技术知识领域，有助于打破阻碍企业创新研发过程中的现有联盟认知结构，包括联盟惯例、文化、价值以及信仰等，实现新联盟成员的有效交流与互动，促进焦点企业对联盟创新资源的整合和吸收。

其次，本书也证实了联盟伙伴多样性通过作用于互补性知识耦合，进而影响企业创新能力。在最终确定的结构方程模型中（见表 5-4），我们可以发现，在互补性知识耦合←联盟伙伴多样性的路径中，标准化路径系数为 0.163（$p < 0.05$），表明联盟伙伴多样性对互补性知识耦合产生了积极影响。这说明：联盟伙伴越多元，主体之间所携带的相关领域的知识就越丰富，也就越有助于主体之间构建高效的知识共享平台。其不仅能搜索到高质量、前沿的信息和知识，还能更为高效地识别出外部新颖性的异质性知识源。同时，联盟组合作为"知识处理系统"或"隐性知识池"的平台，其联盟成员越多元，其所分享的各自关键技术、信息和相关资源就越丰富，也就越容易提升知识组合中的互补性。另外，从表 5-7 中对中介效应检验发现，"联盟伙伴多样性→互补性知识耦合→企业创新能力"的路径系数没有包括 0，即互补性知识耦合在联盟伙伴多样性与企业创新能力之间起中介作用。同时，表 5-8 中，联盟伙伴多样性对企业创新能力的直接效应系数为 0，这表明互补性知识耦合在联盟伙伴多样性与企业创新能力之间起完全中介作用。

最后，本书有关联盟伙伴多样性通过作用于辅助性知识耦合进而影响企业创新能力的研究没有获得支持。在表 5-2 中，我们可以发现，在辅助性知识耦合←联盟伙伴多样性的路径中，标准化路径系数为 0.181（$p > 0.05$），表明联盟伙伴多样性对辅助性知识耦合没有产生积极的影响。同时，根据表 5-7 中对中介效应检验发现，"联盟伙伴多样性→辅助性知识耦合→企业创新能力"的路径系数包含 0，因此，辅助性知识耦合在联盟伙伴多样性与企业创新能力之间的中介作用不成立。此研究假设没有获得通过，可能存在以下原因：首先，多样性的联盟伙伴可能面临信息超载和规模不经济的问题。同时，当联盟伙伴多样性较高时，相似知识的重组也会变得越来越困难。例如，苏布兰马尼安和素（Subramanian & Soh）认为联盟多样性使联盟成员越来越难以建立紧密的联盟关系，不利于联盟内部隐性知识转移；同时，随着联盟多样性的增加，战略联盟形成臃肿的管理结构可能也会使得资源的调动和协调变得异常困难。❶ 其次，随着联盟伙伴多样性的增加，管理战略联盟所产生的成本可能远高于知识共享所带来的创新收入。因此，企业需要投入大量的人力、物力等组织资源去权衡不同联盟成员的需求和整合高度异质性的知识。最后，当联盟成员间的多样性超过一定的阈值时，企业本身的认知能力与对多样性知识整合经验的缺乏，将会直接或间接地阻碍企业向联盟组合进行关键信息搜索、异质性知识交流或资源交换的机会，从而降低企业创新成功的可能性和概率。

（二）关系联结强度对企业创新能力的作用机制分析

本书假设的关系联结强度对企业创新能力的正向影响得到了实证的验证。从表 5-1 的路径系数中，我们可以发现，在企业创新能力←关系联系强度的路径中，标准化路径系数为 0.323（$p < 0.001$），表明关系联结强度对企业创新能力产生了显著的积极影响。这表明：联盟组合中，联盟关系建立的时间越持久，联盟成员间互动越频繁，其隐性知识和高质量信息

---

❶ SUBRAMANIAN A M, SOH P H. Linking alliance portfolios to recombinant innovation: The combined effects of diversity and alliance experience [J]. Long Range Planning, 2017, 50（5）: 636–652.

就越有可能跨越组织边界，提升异质性知识在联盟成员间传递和转移的效果，进而丰富企业创新知识来源，提高企业创新能力。

进一步而言，本书证实了关系联结强度通过作用于辅助性知识耦合，进而影响企业创新能力。在最终确定的结构方程模型中（见表5-4），我们可以发现，在辅助性知识耦合←关系联结强度的路径中，标准化路径系数为0.263（$p < 0.001$），表明关系联结强度对辅助性知识耦合产生了积极影响。这说明：关系联结强度有助于增强联盟组合在知识转移和共享过程中的潜在价值，减少组合中类似知识经验在流动过程中的封闭和敌视行为，降低类似知识领域的转移和整合的障碍。此外，表5-7中对中介效应检验发现，"关系联结强度→辅助性知识耦合→企业创新能力"的路径系数没有包括0，即辅助性知识耦合在关系联结强度与企业创新能力之间起中介作用。表5-8中，关系联结强度对企业创新能力直接效应系数为0.232，这表明辅助性知识耦合在关系联结强度与企业创新能力之间起部分中介作用。

本书也证实了关系联结强度通过作用于互补性知识耦合，进而影响企业创新能力。在最终确定的结构方程模型中（见表5-4），我们可以发现，在互补性知识耦合←关系联结强度的路径中，标准化路径系数为0.264（$p < 0.001$），表明关系联结强度对互补性知识耦合产生了积极影响。这说明：关系联结强度有助于复杂的、隐性的以及非解码的知识在合作伙伴之间的传递和交流；同时，它还有助于信息和资源的交换质量和频率，促进合作伙伴之间的交流、互信、知识共享以及合作解决问题的能力，进而对联盟成员间隐性知识的共享和新知识的创造产生积极影响。此外，表5-7中对中介效应检验发现，"关系联结强度→互补性知识耦合→企业创新能力"的路径系数没有包括0，即互补性知识耦合在关系联结强度与企业创新能力之间起中介作用。表5-8中，关系联结强度对企业创新能力的直接效应系数为0.232，这表明互补性知识耦合在关系联结强度与企业创新

能力之间起部分中介作用。

（三）网络位置权力对企业创新能力的作用机制分析

本书假设的网络位置权力对企业创新能力的正向影响得到了实证的验证。从表 5-1 的路径系数中，我们可以发现，在企业创新能力←网络位置权力的路径中，标准化路径系数为 0.202（$p < 0.001$），表明网络位置权力对企业创新能力产生了显著的积极影响。这表明，占据了联盟组合中的优势网络位置，意味着企业拥有获取多重知识源和信息渠道的机会，具备挖掘稀缺资源和隐性知识的潜力，并通过优先获取的异质性知识、资源以及信息，来降低联盟成员间信息不对称所造成的交易成本，进而防范技术创新中的不确定性风险，缩短知识吸收和技术研发之间的转化时间，提高企业创新能力。同时，它还可以为企业带来伙伴的核心技能或行为信息，减少信息搜索、知识转移以及监督成本等。

进一步而言，本书证实了网络位置权力通过作用于辅助性知识耦合，进而影响企业创新能力。在最终确定的结构方程模型中（见表 5-4），我们可以发现，在辅助性知识耦合←网络位置权力的路径中，标准化路径系数为 0.136（$p < 0.05$），表明网络位置权力对辅助性知识耦合产生了积极影响。这说明：拥有网络位置权力优势的企业，不仅在联盟组合中拥有位置优势和较高的非正式权力，能够有机会接触更多关键知识和资源的权力，同时还会因其在组合中拥有合法性和社会地位，能控制和引导联盟成员的知识和信息向有利于企业创新的方向流动，从而大大提高了联盟组合中的辅助性知识耦合。此外，表 5-7 中对中介效应检验发现，"网络位置权力→辅助性知识耦合→企业创新能力"的路径系数没有包括 0，即辅助性知识耦合在网络位置权力与企业创新能力之间起中介作用。表 5-8 中，网络位置权力对企业创新能力的直接效应系数为 0.103，这表明辅助性知识耦合在网络位置权力与企业创新能力之间起部分中介作用。

其次，本书也证实了网络位置权力通过作用于互补性知识耦合，进而影响企业创新能力。在最终确定的结构方程模型中（见表5-4），我们可以发现，在互补性知识耦合←网络位置权力的路径中，标准化路径系数为0.141（$p < 0.001$），表明网络位置权力对互补性知识耦合产生了积极影响。这说明：占据联盟组合中高位势权力，不仅有助于获取外部环境中的市场先机，同时还有助于识别联盟组合中外部企业的信息，控制与外部成员合作的优先决策权，从而扩大外部关键性知识获取的先机，并通过掌握知识重组的优先机会，识别并创造出更多新颖性和多样性并存的知识池。此外，表5-7中对中介效应检验发现，"网络位置权力→互补性知识耦合→企业创新能力"的路径系数没有包括0，即互补性知识耦合在网络位置权力与企业创新能力之间起中介作用。表5-8中，网络位置权力对企业创新能力的直接效应系数为0.103，这表明互补性知识耦合在网络位置权力与企业创新能力之间起部分中介作用。

（四）共同愿景对企业创新能力的作用机制分析

本书假设的共同愿景对企业创新能力的正向影响得到了实证验证。从表5-1的路径系数中，我们发现，在企业创新能力←共同愿景的路径中，标准化路径系数为0.335（$p < 0.001$），表明共同愿景对企业创新能力产生了显著的积极影响。可见，在联盟组合中，共同愿景有助于提升联盟组合的协调水平，缓解联盟内部资源约束所导致的成员间紧张关系以及利益冲突，进而以最小的精力获取联盟价值最大化。这不仅保证了技术资源的质量，同时也减少了联盟成员的关系维护成本，加深了他们对联盟合作关系和联盟意愿的认同，促进联盟伙伴间的合作频率及其参与深度，进而为联盟组合带来更高的创新绩效满意度。

进一步而言，本书证实了共同愿景通过作用于辅助性知识耦合，进而影响企业创新能力。在最终确定的结构方程模型中（见表5-4），我们可以发现，在辅助性知识耦合←共同愿景的路径中，标准化路径系数为 0.205（$p < 0.001$），表明共同愿景对辅助性知识耦合产生了积极影响。这说明：共同愿景有助于在联盟组合中建立一致的思维模式和利益共同体，促进联盟成员在知识传播中达成共识，进而避免知识整合过程中的冲突和矛盾；并通过设置共同语境的联盟环境，来协助联盟成员凝练各自的相似知识和信息。此外，表 5-7 中对中介效应检验发现，"共同愿景→辅助性知识耦合→企业创新能力"的路径系数没有包括 0，即辅助性知识耦合在共同愿景与企业创新能力之间起中介作用。表 5-8 中，共同愿景对企业创新能力的直接效应系数为 0.257，这表明辅助性知识耦合在共同愿景与企业创新能力之间起部分中介作用。

其次，本书也证实了共同愿景通过作用于互补性知识耦合，进而影响企业创新能力。在最终确定的结构方程模型中（见表 5-4），我们可以发现，在互补性知识耦合←共同愿景的路径中，标准化路径系数为 0.165（$p < 0.001$），表明共同愿景对互补性知识耦合产生了积极影响。这说明：共同愿景有助于促使联盟成员之间知识共享的渠道与频率，拓展联盟组合间知识交流的广度与深度，提升技术创新所需的知识总量，降低联盟成员间知识耦合难度并提供良好的外部环境。此外，表 5-7 中对中介效应检验发现，"共同愿景→互补性知识耦合→企业创新能力"的路径系数没有包括 0，即互补性知识耦合在共同愿景与企业创新能力之间起中介作用。表 5-8 中，共同愿景对企业创新能力的直接效应系数为 0.257，这表明互补性知识耦合在共同愿景与企业创新能力之间起部分中介作用。

二、知识耦合与企业创新能力之间的关系探讨

首先，本书假设的辅助性知识耦合对企业创新能力的正向影响得到了实证的验证。从表 5-4 的最终结构方程模型的路径系数中，我们可以

发现，在企业创新能力←辅助性知识耦合的路径中，标准化路径系数为0.198（$p < 0.001$），表明辅助性知识耦合对企业创新能力产生了显著的积极影响。研究结论表明：辅助性知识耦合强调的是所获取的知识与企业现有相似知识之间的融合与重组过程，即令有价值的相似知识和信息能够更容易地被理解和吸收，更好地与联盟成员之间现有知识基础相融合，进而促进企业现有知识基础的更新，加速新知识的产生，从而弥补现有知识基础创新能力不足的缺陷。

其次，本书假设的互补性知识耦合对企业创新能力的正向影响得到了实证的验证。从表 5-4 的最终结构方程模型的路径系数中，我们可以发现，在企业创新能力←互补性知识耦合的路径中，标准化路径系数为0.305（$p < 0.001$），表明互补性知识耦合对企业创新能力产生了显著的积极影响。研究结论表明：由于新知识渠道来源的多样性，导致其获取的知识的形态存在差异性，以及分散无序，同时也与企业自身已有的知识基础之间存在一定程度的差别；因此，需要通过互补性知识耦合程序，对其进行解码、重构和创造，提高知识利用效率和效果，为企业的技术创新能力提升，提供多样性、有效性的知识来源。

三、合作前瞻能力的调节效应探讨

（一）合作前瞻能力对联盟伙伴多样性与知识耦合关系的调节效应讨论

由表 5-11 的实证可知，本书关于合作前瞻能力对联盟伙伴多样性与辅助性知识耦合关系的调节作用（模型 3 中，联盟伙伴多样性与合作前瞻能力的交互项 $\beta=0.119$，$p < 0.01$），通过了假设检验，意味着合作前瞻能力越强，联盟伙伴多样性对辅助性知识耦合的正向效应就越强。同样，由表 5-12 的实证可知，本书关于合作前瞻能力对联盟伙伴多样性与互补性

知识耦合关系的调节作用（模型8中，联盟伙伴多样性与合作前瞻能力的交互项 $\beta=0.124$，$p < 0.01$），通过了假设检验，意味着合作前瞻能力越强，联盟伙伴多样性对互补性知识耦合的正向效应就越强。可见，在联盟组合中：一方面，具有较高的合作前瞻能力，企业能够对联盟组合中多样性的信息和知识进行整合和重组，并发现联盟伙伴重叠或相似知识间的关联，从而使得优质知识得到充分利用和共享，并将其整合进现有知识库中，提高已有知识的整合效率。另一方面，合作前瞻能力还反映了对外部信息感应的敏感性，在扫描、搜寻、探索外部环境中的多样性信息的情境下，有助于促进联盟组合对市场需求的识别能力，以及提升获取新资源的潜在机会。因此，较高的合作前瞻能力，可以在更大的选择空间内筛选多样性的联盟伙伴，并在有限的时间范围内，搜寻与自身最匹配的联盟对象，降低异质性知识的整合难度，提升互补性知识耦合的成功率。

（二）合作前瞻能力对关系联结强度与知识耦合关系的调节效应讨论

由表5-11的实证可知，本书关于合作前瞻能力对关系联结强度与辅助性知识耦合关系的调节作用（模型3中，关系联结强度与合作前瞻能力的交互项 $\beta=0.042$，$p > 0.05$），并没有通过假设检验。其可能的原因在于：第一，我国本土所形成的大多数联盟组合，其知识耦合活动可能是联盟成员之间知识和信息交流的特有惯例与制度安排，其作用的有效性受合作前瞻能力的影响不大。第二，合作前瞻能力具有信息和知识搜索的先动者优势，而在这种先动优势的保障下，企业可以率先获取优质的、有价值的以及稀缺的有形资源。但是，过于注重先动者优势可能会带来较高的搜索成本、协调成本、控制成本等方面的问题，破坏联盟组合中联盟关系的联结质量，以及现有联盟惯例无法处理合作前瞻能力给联盟组合所带来的新变化。因此，这些都可能导致获取的知识增效不能抵消相应的成本增加，从而导致联盟组合中对相似知识或现有经验进行整合的意愿降低。第三，该研究假设没有获得支持，也有可能受到样本所选择的地域局限性或样本数量对实证结果的影响，这也是未来进一步探讨的方向和问题。

另外，由表 5-12 的实证可知，本书关于合作前瞻能力对关系联结强度与互补性知识耦合关系的调节作用（模型 8 中，关系联结强度与合作前瞻能力的交互项 β=0.098，$p < 0.01$），通过了假设检验，意味着合作前瞻能力越强，关系联结强度对互补性知识耦合的正向效应就越强。可见，较高的合作前瞻能力，促使联盟成员之间"面对面"的交流与沟通，增加他们之间的紧密联系，使得独特的、有价值的隐性知识和核心技术诀窍或经验容易被联盟成员所理解、吸收以及利用。同时，在联盟组合层面，对外部市场环境的及时反应，对联盟成员需求的积极回应，对想法、创意、隐私以及核心技术保护等的彼此尊重，有助于在联盟组合之间构建强有力的关系纽带，进而增强联盟成员间的信任感和相互承诺感。这不仅有助于联盟成员对异质性知识转移和共享的意愿，也提高了其知识组合和创造新知识的成功率。

（三）合作前瞻能力对网络位置权力与知识耦合关系的调节效应讨论

由表 5-11 的实证可知，本书关于合作前瞻能力对网络位置权力与辅助性知识耦合关系的调节作用（模型 3 中，网络位置权力与合作前瞻能力的交互项 β=0.096，$p < 0.05$），通过了假设检验，意味着合作前瞻能力越强，网络位置权力对辅助性知识耦合的正向效应就越强。同样，由表 5-12 的实证可知，本书关于合作前瞻能力对网络位置权力与互补性知识耦合关系的调节作用（模型 8 中，网络位置权力与合作前瞻能力的交互项 β=0.073，$p < 0.05$），通过了假设检验，意味着合作前瞻能力越强，网络位置权力对互补性知识耦合的正向效应就越强。可见，较高的合作前瞻能力，有助于解决联盟组合中权力纠纷、文化隔阂以及联盟成员间权力角色的认知等矛盾，促进联盟组合中文化和任务上的协调，降低焦点企业获

取联盟成员关键性隐性知识的谈判成本，推动知识主体间知识交流和传播的意愿。同时，较高的合作前瞻能力，意味着企业可以构建大量的网络联系和知识流，可以接触更多新颖性、异质性知识的机会，识别并创造多样性知识池的先机，以及拥有更多的知识组合机会，进而达到知识耦合的目的。

（四）合作前瞻能力对共同愿景与知识耦合关系的调节效应讨论

由表 5-11 的实证可知，本书关于合作前瞻能力对共同愿景与辅助性知识耦合关系的调节作用（模型 3 中，共同愿景与合作前瞻能力的交互项 β=0.112，$p < 0.01$），通过了假设检验，意味着合作前瞻能力越强，共同愿景对辅助性知识耦合的正向效应就越强。同样，由表 5-12 的实证可知，本书关于合作前瞻能力对网络位置权力与互补性知识耦合关系的调节作用（模型 8 中，共同愿景与合作前瞻能力的交互项 β=0.113，$p < 0.01$），通过了假设检验，意味着合作前瞻能力越强，共同愿景对互补性知识耦合的正向效应就越强。可见，具有合作前瞻性的联盟组合，经常会寻找可靠的联盟伙伴，以及在文化上与焦点企业高度匹配的联盟组合伙伴。通过对联盟成员能力的机会识别，为联盟组合提供潜在的机会，探索有关产品设计，概念和发展等新颖的和不同的想法，并摆脱已有束缚创新理念的规则和程序。同时还有利于促使联盟成员之间知识共享的渠道与频率，拓展联盟组合间知识交流的广度与深度，从而提升技术创新所需的知识总量，减低联盟成员间知识耦合难度并提供良好的外部环境。

四、关系治理能力的调节效应探讨

（一）关系治理能力对联盟伙伴多样性与知识耦合关系的调节效应讨论

由表 5-11 的实证可知，本书关于关系治理能力对联盟伙伴多样性与辅助性知识耦合关系的调节作用（模型 4 中，联盟伙伴多样性与关系治理能力的交互项 $\beta=0.126$，$p < 0.05$），通过了假设检验，意味着关系治理能力越强，联盟伙伴多样性对辅助性知识耦合的正向效应就越强。同样，由表 5-12 的实证可知，本书关于关系治理能力对联盟伙伴多样性与互补性知识耦合关系的调节作用（模型 9 中，联盟伙伴多样性与关系治理能力的交互项 $\beta=0.118$，$p < 0.01$），通过了假设检验，意味着关系治理能力越强，联盟伙伴多样性对互补性知识耦合的正向效应就越强。这表明，多样性联盟伙伴虽然为联盟组合扩大了异质性知识的范围，但多样性知识的分散性、异质性等也增加了知识捕获和交流的成本，而且知识的缄默性、复杂性以及知识在联盟组合中不同程度的嵌入性质更是加大了知识利用、吸收以及组合的难度。对于这个难题，关系治理能力提供了有效的解决机制，它的强弱在一定程度上影响联盟组合中吸收和内化联盟成员之间相似知识、转移和利用联盟外部知识等的效率和效果。一方面，关系治理能力有助于遏制多样性联盟伙伴之间的机会主义行为，降低他们之间"搭便车"行为的发生，进而提升多样性知识之间的兼容性以及耦合意愿；另一方面，关系治理能力作为一种自我保护机制，还为价值创造活动提供了优质的激励措施。例如，共享隐性知识，交换难以定价的资源，或者提供超出合同范围的创新或响应，进而提升互补性知识耦合的效果和效率。

（二）关系治理能力对关系联结强度与知识耦合关系的调节效应讨论

由表 5-11 的实证可知，本书关于关系治理能力对关系联结强度与辅助性知识耦合关系的调节作用（模型 4 中，关系联结强度与关系治理能力的交互项 $\beta=0.058$，$p > 0.05$），并没有通过假设检验。这一结果表明，关系治理能力并不能对关系联结强度与辅助性知识耦合之间产生大的影响作用。其可能的原因在于：过于关注关系治理能力，可能会制约和影响各联盟成员间的信任程度，并对联盟成员间关系构建造成不利影响，其不利影响来源于焦点企业过于关注和处理联盟组合中的大量的、复杂的信息，进而可能在较大程度上与其他联盟成员之间进行频繁的、长期的交流与合作造成一定阻碍。同时，这些因素也会对联盟组合内部之间已形成的交流机制和沟通惯例造成破坏，进而使联盟成员之间在类似知识的整合和利用等行动，也会由于超出了现有的关系效用范围，而对其知识耦合行为变得难以监督。另外，企业在利用关系治理能力给联盟组合带来丰富的、有价值的知识和信息时，其不可避免地会造成联盟组合中关系维护成本和关系管理成本的上升，而若要对这些知识和信息进行有效的整合和内化，会使焦点企业陷入对联盟关系管理的"恶性"循环当中，进而造成焦点企业在占据联盟成员的有价值的知识的成本和难度增加。

由表 5-12 的实证可知，本书关于关系治理能力对关系联结强度与互补性知识耦合关系的调节作用（模型 9 中，关系联结强度与关系治理能力的交互项 $\beta=0.092, p < 0.01$ ），通过了假设检验，意味着关系治理能力越强，关系联结强度对互补性知识耦合的正向效应就越强。可见，关系治理能力能够有效降低联盟组合中知识耦合的难度。与单一的组织不同，联盟组合在管理风格、组织响应、内部任务惯例等方面存在较大的差异。因此，联盟组合需要建立更加密切的关系以及多样性的交流方式，才能实现对联盟成员的异质性知识的整合和吸收。关系联结强度建立的基础是联盟成员通过频繁的接触而选择的相互信任的联盟关系，它不仅有利于减少成员对联盟伙伴机会主义行为的担心以及异质性知识泄露的担忧。同时还有利于促使联盟成员之间知识共享的渠道与频率，拓展联盟组合间异质性知识交流的宽度与深度，缓解或者消除联盟成员间知识和信息的不对称问题，促进知识和信息在联盟边界中无阻碍的传播和共享，进而减低联盟成员间对异质性知识的耦合难度。

（三）关系治理能力对网络位置权力与知识耦合关系的调节效应讨论

由表 5-11 的实证可知，本书关于关系治理能力对网络位置权力与辅助性知识耦合关系的调节作用（模型 4 中，网络位置权力与关系治理能力的交互项 $\beta=0.108$，$p < 0.05$），通过了假设检验，意味着关系治理能力越强，关系联结强度对辅助性知识耦合的正向效应就越强。同样，由表 5-12 的实证可知，本书关于关系治理能力对网络位置权力与互补性知识耦合关系的调节作用（模型 9 中，网络位置权力与关系治理能力的交互项 $\beta=0.084$，$p < 0.01$），通过了假设检验，意味着关系治理能力越强，关系联结强度对互补性知识耦合的正向效应就越强。可见，较高的关系治理能力，有助于确立企业在联盟组合中的位置"合法性"和功能重要性的地位，进而跨越新联盟组合中的"不平等层级"。一方面，较高的关系治理能力可以通过联盟关系范围和质量的拓展，将分散的知识进行整合，形成独特的联盟优势，增加联盟节点的吸引力，进而提高企业在联盟组合中的权威性。另一方面，较高的关系治理能力，企业可以有效协调和管理不同联盟成员之间的联盟活动，并通过对联盟成员间利益冲突的调解等方式，来优化联盟组合的关系和结构布局，为在联盟组合中树立威信奠定基础。尤其是加强联盟组合中关键节点间的联系，有助于在组合中形成"声望效应"，提升企业在联盟组合中的声望和地位，进而获取更多的知识和资源，提高辅助性知识耦合和互补性知识耦合在联盟组合中的成功率。

（四）关系治理能力对共同愿景与知识耦合关系的调节效应讨论

由表 5-11 的实证可知，本书关于关系治理能力对共同愿景与辅助性知识耦合关系的调节作用（模型 4 中，共同愿景与关系治理能力的交互项 $\beta=0.076$，$p < 0.01$），通过了假设检验，意味着关系治理能力越强，共同愿景对辅助性知识耦合的正向效应就越强。同样，由表 5-12 的实证可知，

本书关于关系治理能力对共同愿景与互补性知识耦合关系的调节作用（模型 9 中，共同愿景与关系治理能力的交互项 $\beta=0.107$，$p < 0.01$），通过了假设检验，意味着关系治理能力越强，共同愿景对互补性知识耦合的正向效应就越强。这表明：一方面，当联盟组合中缺乏共同愿景时，由于一致的价值观和联盟愿景的缺失，联盟伙伴之间很难有学习动力，而学习动力对于联盟组合中机会的识别、知识的整合以及知识的内化具有重要的影响。因此，较高的关系治理能力是提升联盟组合中学习动力的重要源泉，它不仅有助于提升组合中联盟伙伴之间的相互理解，建立联盟成员之间的默契并提升对缄默知识的意会和领悟，同时增强关键性知识和信息在联盟组合中的共享质量和水平，促进知识的吸收和整合能力，进而对联盟组合中的学习动力机制的建立打下基础。另一方面，较高的关系治理能力有助于提升联盟成员间的沟通协调层次，增进联盟成员间的了解并缓解冲突和矛盾，在联盟组合中形成深度合作的知识氛围与环境，而深度合作是互补性知识耦合的一个重要前提。

第四节　本章小结

　　本章对联盟组合配置、知识耦合、联盟管理能力以及企业创新能力四者关系之间的假设模型进行了验证。其检验结果显示：第一，考察了联盟组合配置与企业创新能力之间的关系。研究发现，联盟组合配置是企业创新能力的重要影响因素。第二，除了辅助性知识耦合在联盟伙伴多样性与企业创新能力的中介作用不成立外，辅助性知识耦合分别在关系联结强度、网络位置权力、共同愿景和企业创新能力之间中介作用均成立；同时，互补性知识耦合也在联盟组合配置和企业创新能力之间扮演者中介变量的角色。第三，考察了联盟管理能力（合作前瞻能力、关系治理能力）对联盟组合配置与知识耦合（辅助性知识耦合、互补性知识耦合）之间的调节作用。结果显示，除了合作前瞻能力、关系治理能力分别对关系联结强度与辅助性知识耦合关系之间的调节作用不显著之外，联盟管理能力（合作前瞻能力、关系治理能力）对联盟组合配置与辅助性知识耦合之间存在调节作用，联盟管理能力（合作前瞻能力、关系治理能力）对联盟组合配置与互补性知识耦合之间存在调节作用。

第六章　联盟组合中企业创新能力提升策略研究

本书围绕"联盟组合配置、知识耦合、企业创新能力之间的关系"这一核心问题，系统分析了联盟组合配置不同维度对知识耦合的作用机理及其对企业创新能力的影响。同时，在联盟组合配置对知识耦合的影响基础上，探讨了联盟管理能力对两者的调节作用分析。本章在对前五章的研究内容进行总结的基础上，进一步阐述本书的理论贡献和管理启示，并指出本书的不足以及未来进一步研究的方向。

第一节　主要研究结论

基于联盟组合间的创新研究一直以来都是创新管理领域研究的焦点，尤其是在开放式创新环境下，新颖的、优质的、有价值的知识在联盟组合中不断转移、吸收以及整合。创新范式也由对现有技术或商业模式进行改良的创新，向全新的技术架构、技术组件双重变革等创新范式转变。因此，联盟组合成为知识共享和创新孵化的重要载体，同时也成为影响联盟获取异质性知识，提高创新能力的重要因素。然而，如何构建合适的联盟组合配置战略，形成高效的资源和知识耦合机制，促进联盟信任与稳定是其创新战略的核心问题。

在此背景下，本书以本土企业为研究样本，将联盟组合配置、知识耦合和企业创新能力纳入同一研究框架，以社会网络理论为视角，基于知识整合理论，就如何提升焦点企业的创新能力这一议题做出了更全面的解释。该研究以理论研究、案例研究方法以及大样本统计分析等方法，建立了"联盟组合配置－知识耦合－企业创新能力"的分析框架，并以此对三个逻辑紧密相关的问题进行了研究与探讨：（1）联盟组合与企业创新能力有何关系？（2）联盟组合配置与企业创新能力之间的影响路径是什么？（3）不同联盟管理能力是否会产生不同影响？主要研究结论包括以下几个方面。

一、焦点企业联盟组合配置对企业创新能力有正向影响

联盟组合配置是由焦点企业对其联盟成员施加的一系列战略部署，而焦点企业从联盟组合中捕获的知识和资源的多元性、异质性、数量以及质量等，又反过来对联盟组合配置战略的合理性和有效性产生决定影响，进而在一定程度上影响联盟组合的稳定性和灵活性。本书在已有学者的研究基础上，从伙伴维度、关系维度、结构维度以及认知维度四个方面，将联盟组合配置划分为联盟伙伴多样性、关系联结强度、网络位置权力以及共同愿景。以上有关联盟组合配置的四个维度，从伙伴维度的个体层面一直上升到认知维度的共同愿景层面，层层递进，虽然增加了联盟组合配置的复杂性，但是却将联盟组合配置进行了层层分解，有助于深化对联盟组合配置内涵的认识，以及详细探究联盟组合配置与企业创新能力之间的关系。

本书通过对中国本土企业的实地访谈以及对 385 家企业的问卷研究表明，联盟伙伴多样性、关系联结强度、网络位置权力、共同愿景都有助于企业创新能力的提升。企业通过联盟组合中联盟关系的多样性来获取

各种各样的资源，提高知识获取和应用的效率，同时最小化知识投资的风险，提高企业的价值创造成果。关系联结强度能加深联盟成员之间的合作关系，提高他们之间的信任水平，促进异质性资源、信息以及默会知识的传播和共享，缓解或者杜绝联盟成员行为的机会主义倾向，以及降低监督成本、管理成本和联盟关系断裂的不确定性，这些都是联盟创新取得成功的关键因素。网络位置权力意味着较高的信息控制权和非正式权力，其不仅有助于吸引网络边缘地位的创新主体，并通过优先获取的异质性知识、资源以及信息，扩宽企业的创新视角；同时，通过与联盟成员间形成特殊的信任关系来共同解决创新过程中出现的问题，这也是汲取联盟组合中关键知识和资源的重要途径，进而提高企业创新能力。共同愿景是联盟组合中展开合作的基石，可以有效评估联盟合作过程中知识交换与互补的隐含价值，并逐步消除联盟成员在联盟合作过程中的负面状态；同时，共同愿景还有助于联盟组合中形成关于联盟预期成果的共识，提高联盟成员在合作过程中异质性知识传播与吸收的数量与质量，加强联盟成员间的互动频率，最终提高企业创新能力的成功率。

二、联盟组合配置通过影响知识耦合进而作用于企业创新能力

知识耦合的本质是焦点企业与外围成员的互动过程，以及如何将隐性知识转为显性知识的过程，而知识的隐性、黏性以及难以感知性等特征，又强调了它与社会背景的不可分离性，因此，需要深入探究焦点企业与外围成员在知识互动和沟通中的耦合过程。辅助性知识耦合是企业已经拥有的知识，或者具备发展该类知识的能力，其整合的知识元素之间具有某些相似属性，且与其结合的知识元素之间也存在相似。焦点企业通过选择合适的合作伙伴来构建联盟组合，会基于联盟成员间的默契程度，而对知识元素的如何运作具有相似性的理解，进而在旧有或现有解决方案的"邻

居"中寻找新的解决方案来激发创意的产生，从而提升企业的创新能力。互补性知识耦合是指汲取外部知识来源作为内部知识元素的补充，以组合多样性知识元素来开发知识与技能，进而探索和获取优质知识并使其新知识元素的价值增加。因此，广泛领域的共同知识可以帮助各方了解独特但互补的知识集的价值，这些情况有助于将互补的知识存量整合到企业的耦合过程中，从而提高企业创新能力。本书通过结构方程对385家企业的数据建模发现，除了辅助性知识耦合在联盟伙伴多样性与企业创新能力之间的中介作用没有获得支持外，其他的中介作用均成立。具体地说：互补性知识耦合在联盟伙伴多样性与企业创新能力之间起完全中介作用；辅助性知识耦合和互补性知识耦合分别在关系联结强度与企业创新能力之间起部分中介作用；辅助性知识耦合和互补性知识耦合分别在网络位置权力与企业创新能力之间起部分中介作用；辅助性知识耦合和互补性知识耦合分别在共同愿景与企业创新能力之间起部分中介作用。

三、联盟管理能力在联盟组合配置对知识耦合的作用机制中发挥着重要的调节作用

联盟管理能力不仅强调组织惯例对联盟组合资源之间的协调、学习、感知等能力；同时，还强调在适应外部环境的基础上，对联盟组合成员的重新配置，以巩固和强化现有联盟资源，它强调的是对联盟组合能力进行规划与配置的能力。因此，组合层面的联盟管理能力既具有"利用"属性，又具有"探索"属性。由此，本书引入合作前瞻能力和关系治理能力，分别考察它们对联盟组合配置影响辅助性知识耦合、互补性知识耦合之间的权变效应。本书对385家企业进行多元回归分析的结果表明，除了合作前瞻能力、关系治理能力分别对关系联结强度与辅助性知识耦合之间的调节作用没有获得支持外，合作前瞻能力在联盟伙伴多样性与辅助性知

识耦合、网络位置权力与辅助性知识耦合、共同愿景与辅助性知识耦合、联盟伙伴多样性与互补性知识耦合、关系联结强度与互补性知识耦合、网络位置权力与互补性知识耦合、共同愿景与互补性知识耦合之间存在显著的调节作用；关系治理能力在联盟伙伴多样性与辅助性知识耦合、网络位置权力与辅助性知识耦合、共同愿景与辅助性知识耦合、联盟伙伴多样性与互补性知识耦合、关系联结强度与互补性知识耦合、网络位置权力与互补性知识耦合、共同愿景与互补性知识耦合之间存在显著的调节作用。

第二节　理论贡献与管理启示

一、理论贡献

本书综合了社会网络理论、资源基础理论、组织知识创造理论、动态能力理论等战略管理和关系管理的理论视角，构建了以联盟组合配置为自变量、知识耦合为中介变量、联盟管理能力为调节变量以及企业创新能力为因变量的理论框架。其研究紧密结合中国本土企业的管理实践，系统地剖析了联盟组合配置对企业创新能力的作用机制，其理论贡献主要表现在以下几个方面。

（一）提出联盟组合配置的定义

现有对联盟组合配置的研究尚处于起步阶段，对其概念含义和维度划分仍比较笼统和宽泛，且学术界对联盟组合配置的准确表述也尚未达成一致。尤其是现有的研究经常对联盟组合配置的单一维度展开研究，缺乏从多维的视角去解析联盟组合配置。因此，本书将联盟组合配置定义为：由焦点企业对其联盟成员施加的一系列战略部署，并通过联盟组合来保证所能获取信息和资源的质量、数量、多样性、有效性，以及焦点企业在跨组织领域中所获取地位的灵活性或稳定性。同时，从四个维度详细探究了联盟组合配置内涵：（1）伙伴维度，主要包括联盟伙伴的组织属性的多样性，而本书从组织活动和研发活动的角度出发，从联盟伙伴多样性来考虑联盟组合配置的伙伴属性。（2）关系维度，主要是指经济活动如何受关系质量的影响。因此，这一维度显示为关系的特征和属性，如信任和关系质量，而这些特征和属性又主要来源于企业历史和声誉对其的影响。本书在对联盟组合关系维度进行研究时，主要从关系联结强度的维度出发。（3）结构维度，是指形成联盟组合过程中所产生节点之间的所有交互作用，本书在对联盟组合的结构维度进行研究时，主要从网络位置权力角度出发。（4）认知维度，越来越被认为是联盟网络研究的一个重要影响因素，然而，现有对联盟组合配置的研究却鲜少将认知维度考虑进去。联盟组合的认知维度，主要是指在联盟组合中，不同社会行动者之间所具有的共同背景。本书在对联盟组合的认知维度进行研究时，主要从共同愿景角度出发。以上有关联盟组合配置的四个维度，从伙伴维度的个体层面，一直上升到认知维度的共同愿景层面，层层递进，虽然增加了联盟组合配置的复杂性，但是却将联盟组合配置进行了层层分解，有助于深化对联盟组合配置内涵的认识，以及详细探究联盟组合配置与企业创新能力之间的关系。

（二）深化了联盟组合配置对企业创新能力作用机制的研究

尽管现有学者已经认识到，联盟组合是焦点企业获取异质性、独特性知识的重要来源，且对于企业创新能力的提升有着重要作用。但纵观现有文献，发现仍存在较多的研究"悖论"，充分显示了矛盾的二重性：有的研究认为联盟伙伴多样性有助于降低技术创新过程中的风险性和不确定性，避免企业陷入技术创新中的"锁定效应"，而有的研究认为联盟伙伴多样性会导致高搜索成本、臃肿的管理结构以及知识转移困难等，进而不利于企业创新能力的提升；有的研究认为强联结关系有助于降低信息和知识捕获过程中的契约成本和监督成本，加快获取新颖性信息和异质性知识的速度，而有的研究则认为，强联结关系限制了网络的扩展范围，容易产生冗余的知识和资源，出现"关系嵌入性"难题，因此，弱联结关系更加有助于创新理念和思想的形成；有的研究认为网络位置权力是企业创新之源，而有的研究则认为过高或者过低的网络位置权力都不利于企业的创新，最好处于某种平衡状态；还有的研究认为共同愿景正向影响企业的创新能力，但有的研究则不支持这一结论。到目前为止，这些研究仍未清楚地解释联盟组合配置与企业创新能力之间的因果关联机制。因此，为了进一步探究"焦点企业的联盟组合配置如何发挥作用"这一研究命题，打开并挖掘出联盟组合配置对企业创新能力影响机制的"黑箱"，本书以中国本土的企业为研究样本，引入知识耦合（辅助性知识耦合和互补性知识耦合）作为中介变量，探寻不同维度的联盟组合配置通过知识耦合的路径，来影响企业创新能力的内在机理。研究结论表明，焦点企业与多个外部伙伴保持紧密的合作关系，形成的网络位置优势、关系嵌入、共同认知等成为知识流动和信息传播的重要渠道和手段。但是，在这一过程中，可能还存在先验知识的"锁定效应"，以及知识编码所带来的"能力刚性"等问题。因此，焦点企业还需要在联盟组合中建立合适的知识耦合机制，不仅具备发展或者重新组合已拥有相似知识的能力，同时还需要具备汲取外部知识来源作为内部知识元素的补充，在探索和获取优质知识并使其新知识元素的价值增加的基础上，提升企业创新能力。通过上述研究工作，在一定程度上可以有效解决这些"悖论"的难题，深化和延伸联盟组合配置与企业创新能力关系的研究，为关于知识耦合有助于企业创新能力做了进一步的补充和拓展，实现了联盟组合研究与创新管理研究的对接，推动了辅助性知识耦合和互补性知识耦合研究向纵深方向发展，为联盟组合管理和创新活动研究提供了新的视角。

（三）探究了联盟管理能力对联盟组合配置与知识耦合关系之间的调节作用机制

本书从联盟管理视角出发，丰富了有关联盟组合配置与知识耦合关系的情景变量。尽管以往研究较多关注了联盟组合与知识转移的情景变量，如技术管理、联盟经验、吸收能力、内部知识创造战略等，但是基于联盟组合本身的联盟管理的问题仍需探索，尤其是从联盟管理能力的视角，来探讨联盟组合与知识耦合之间的关系。因此，本书在探讨联盟组合配置与知识耦合关系的基础上，结合社会网络理论，进一步探索了联盟管理能力所起的边界作用。这也是对联盟组合配置作用机制的进一步补充，从而为焦点企业以合适的方式构建和管理联盟组合，有效开展知识耦合活动和创新管理活动提供新的管理思维。

二、管理启示

联盟组合与多个外部合作伙伴保持紧密的直接联盟关系，形成的网络位置优势、关系嵌入、共同认知等，成为资源流动和信息传播的重要渠道和手段，促进了信息、知识、资源等的流动与共享，且有助于维持联盟组合中多样性知识和信息的来源，有效降低了先验知识对联盟组合的锁定效应，进而提高了企业创新能力。基于此，本书以社会网络理论为基础，探讨联盟组合配置、知识耦合以及企业创新能力三者之间的内在机制问题，以及探究了联盟管理能力对联盟组合配置与知识耦合之间关系的调节作用，其进一步丰富了联盟组合配置的边界条件的研究，以便充分理解联盟组合配置对知识耦合的有效性在何种条件下得以实现的问题。因此，本书对联盟组合的实践具有重要的启示意义。

（一）高度重视联盟组合配置战略的培育和提升

企业应深刻认识到，在开放式创新背景下，企业无法单纯依靠自己的力量进行创新，企业的创新活动需要大量有效的异质性资源，而选择优质且有价值的联盟伙伴是企业顺利开展创新的重要战略举措。但是，也应该认识到，联盟组合给嵌入其中的企业提供了学习与创新机会的同时，也会造成一些不利局面：一方面是对联盟组合的过度依赖或者嵌入，可能会导致技术创新中的"锁定效应"，致使企业在应对外部环境的不确定性变化时反应能力弱化、知识整合动机退化以及创新意识或机会识别能力的降低；另一方面是对联盟组合的嵌入不足，导致企业难以融入联盟组合中有关异质性信息和知识的共享活动，以及无法参与联盟组合所主导的创新活动的分工合作，进而使知识交流、吸收、整合不足或艰难化，最终会导致企业难以融入联盟关系或者无法适应外部环境剧变而被联盟成员边缘化，或者会由于联盟关系断裂，而造成联盟组合瓦解或者企业被联盟成员淘汰出局。因此，为成功实现创新优势，焦点企业应当权衡其联盟组合配置的适应性，需要根据实际情况战略性地设计联盟组合配置，以提高自身知识和外部知识的耦合效率和效果，进而提升企业的创新能力。例如，我国大多数本土联盟组合，其联盟伙伴类型的多样性仍稍显不够，联盟伙伴向联盟组合的开放程度仍较低。同时，在全球的创新网络当中，本土的联盟企业仍处于网络中的低层级节点，其位置权力也大多处于创新网络的边缘线，例如，以小米、OPPO、VIVO等为代表的联盟企业，由于在全球的创新网络当中仍处于低层级节点，导致他们的发展会较为依赖以高通为代表的国外芯片巨头。因此，未来在发展联盟组合时，应通过各种途径发展多种类型的联盟组合内部的关系联结，尤其是时刻与联盟组合外部保持密切联系与沟通，并根据外部环境的变换来变革联盟组合配置，使其网络位置权力由边缘区域向中心区域靠拢，并通过联盟组合中共同愿景和共同目标的形成，谋求更为多样性的创新资源和独特性知识。同时，还需要对获取的多样性知识进行有效耦合，进而将其获取的知识和资源内化成联盟组合自身的核心竞争力。此外，在联盟伙伴的挑选过程中，始终坚持"适度"原则，即不过分追求联盟伙伴的多样性，也不应该将联盟伙伴的选择局限在某一狭窄的伙伴类型，同时还需注意技术、市场、资本等联盟伙伴的有机平衡。

（二）知识耦合在联盟组合配置与企业创新能力中的桥梁作用，需要引起企业重视

本书的实证结论表明，焦点企业从联盟组合中所获取的异质性知识和资源，还需要通过有效的知识耦合机制，才能内化成焦点企业的创新活动所需的创新资源。这个结论凸显了当前企业配置联盟组合战略，来提升企业创新能力的动态过程，以及对联盟成员所提供的有价值的知识进行耦合的重要实践意义。同时，还应该认识到，企业若想通过自身独立的知识耦合机制来完成创新所需的知识，可能会受到资源限制的约束，而难以实现对现有知识进行利用的同时来探索新的知识。因此，通过构建联盟组合，企业可以打破这一限制，并拓宽自身知识和资源的深度和广度，从而避免"现有能力成就过时"和"创新两难困境"的情况。但需要说明的是，这只是从联盟组合的"总量"来说的，从"增量"的进程来看，企业还需要认清自己所处的形式和位置，不可机械地为了辅助性知识耦合和互补性知识耦合而盲目地分配创新资源。互补性知识耦合可实现范围经济和知识共享，减缓核心刚性和路径依赖，避免企业陷入某个技术创新"锁定效应"；而辅助性知识耦合可以避免信息超载和臃肿的联盟管理结构，减少联盟管理成本和冲突成本等。因此，要是辅助性知识耦合和互补性知识耦合目前处于失衡的状态，而企业在联盟组合中采用同等的精力和资源去支持辅助性知识耦合和互补性知识耦合。那么，在"强项"自强化效应的作用下，辅助性

知识耦合和互补性知识耦合之间的失衡差距将会越拉越大，出现"强者恒强，弱者越弱"的局面，从而不利于企业创新能力的提升。

（三）企业需要充分认识到联盟管理能力在联盟组合中知识耦合的重要作用

在现实当中，联盟组合的建立并不是问题，但对于如何实现联盟组合并提升企业创新能力，往往会使企业的管理层束手无策。为此，企业在获取创新所需的异质性资源和知识时，还应该审视对联盟组合的管理问题。对于焦点企业而言，重视关系治理能力可以增强联盟成员对规范共识的理解和接受程度，增强彼此之间的默契程度，避免联盟成员间的不必要的摩擦以及异质性知识整合过程中所产生的交易成本。因此，焦点企业若在联盟组合中营造了较强的关系治理能力，则可以构建异质性相对较大的联盟组合知识网络，以充分利用联盟组合本身的优势。否则，焦点企业应尽量避免构建异质性程度较大的联盟组合。另外，仅依赖联盟组合的关系治理优势不足以有效提升企业创新能力，焦点企业还需要充分利用合作前瞻能力的作用。在联盟组合中，一方面，焦点企业需要积极主动收集外部市场环境活动，对外部竞争的动态环境需要时刻掌握最新动态，在获取竞争者信息的前提下，积极整合创新所需的信息或知识；另一方面，焦点企业需要积极主动采取知识搜索和创造活动，即焦点企业在进行创新活动的过程中，需要将组织资源有效分配给新技术和资源的搜索活动，积极搜寻创新所需的信息或知识。同时，焦点企业与联盟伙伴还需更好地嵌入联盟组合过程，实现合作、互补以及联盟稳定，进而有效提升联盟组合的优势互补作用，增强联盟组合中知识耦合的前瞻性功能。

第三节　研究局限和展望

虽然本书整理了现有的具有代表性的国内外文献，构建了联盟组合配置、知识耦合与企业创新能力之间的作用模型，并通过探索性案例研究和大样本实证研究对它们之间的关系进行了分析和论证，但在研究中仍存在诸多不足之处和未来研究的空白点，主要有以下几个方面。

（1）尽管本书采取了现场调研、委托政府机构等多种渠道来发放和回收问卷，并考虑了样本企业所在的行业类型、成立年限、企业规模、企业所有制性质、研发强度投入等样本特征的均衡兼顾，其获取的数据样本基本满足实证研究所提出的要求，但鉴于本书问卷所涉及的企业多集中在西南部地区，难以排除企业内在特性、行业、地区等局限性因素的影响，可能会在一定程度上削弱本书结论的普适性。因此，未来的研究需要将问卷调查的区域范围进一步扩大，减少区域和行业因素对研究结论的普适性影响，进而对本书所涉及的变量之间的关系进行深入验证。

（2）通过焦点企业的问卷反馈来调查联盟组合存在的问题，可能会基于主观性因素等原因，影响调研数据的客观性，进而造成研究出现共同方法偏差等问题。本书虽然采取了一定的手段对其加以控制，如程序控制法、因子检验等，但是研究结论仍可能存在一定的偏差。因此，后续研究可通过 CATI 联盟数据库为本书的数据源，进一步深入探究联盟组合配置与企业创新能力之间的关系。

（3）关于合作前瞻能力和关系治理能力之间交互效应的研究。本书确认了合作前瞻能力、关系治理能力分别调节联盟组合配置与知识耦合之间的关系，但对于关系治理能力和合作前瞻能力存在怎样的关系还未进一步作深入探讨。因此，在未来的研究中，可以考虑关系治理能力和合作前瞻能力之间可能存在的交互作用，并在更加深入、更加全面的理论和实证分析基础上，探索联盟组合所涉及的创新管理问题。

参考文献

GOERZEN A. Managing alliance networks: Emerging practices of multinational corporations [J]. The Academy of Management Executive, 2005, 19 (2): 94–107.

SUBRAMANIAN A M, SOH P H. Linking alliance portfolios to recombinant innovation: The combined effects of diversity and alliance experience [J]. Long Range Planning, 2016, 50 (5): 636–652.

PORTES A. Social capital: Its origins and applications in modern sociology [J]. Annual Review of Sociology, 1998, 24 (1): 1–24.

ANAND B N, KHANNA T. Do firms learn to create value? The case of alliances [J]. Strategic Management Journal, 2000, 21 (3): 295–315.

KOKA B R, PRESCOTT J E. Designing alliance networks: The influence of network position, environmental change, and strategy on firm performance[J]. Strategic Management Journal, 2008, 29 (6): 639–661.

WERNERFELT B. A resource–based view of the firm [J]. Strategic Management Journal, 1984, 5 (2): 171–180.

LAVIE D. Capability reconfiguration: An analysis of incumbent responses to technological change[J]. The Academy of Management Review, 2006, 31 (1): 153–174.

LEONARD–BARTON D. Core capabilities and core rigidities: A paradox in managing new product development [J] . Strategic Management Journal, 1992, 13 (1): 111–125.

AHUJA G, LAMPERT C M. Entrepreneurship in the large corporation: A longitudinal study of how established firms create breakthrough inventions [J] . Strategic Management Journal, 2001, 22 (6–7): 521 – 543.

AHUJA G, SODA G, ZAHEER A. The genesis and dynamics of organizational networks [J] . Organization Science, 2012, 23 (2): 434–448.

AHUJA G. Collaboration networks, structural holes, and innovation: A longitudinal study [J] . Administrative Science Quarterly, 2000, 45 (3): 425–455.

ANDREVSKI G, BRASS D J, FERRIER W J. Alliance portfolio configurations and competitive action frequency [J] . Journal of Management, 2016, 42 (4): 811–837.

DUYSTERS G, LOKSHIN B. Determinants of alliance portfolio complexity and its effect on innovative performance of companies [J] . Journal of Product Innovation Management, 2011, 28 (4): 570–585.

HAMEL G. Competition for competence and inter–partner learning within international strategic alliances [J] . Strategic Management Journal, 1991, 12 (1): 83–103.

GAO G Y, XIE E, ZHOU K Z. How does technological diversity in supplier network drive buyer innovation? Relational process and contingencies [J] . Journal of Operations Management, 2015, 36 (5): 165–177.

GREVE H R. Exploration and exploitation in product innovation [J] . Industrial & Corporate Change, 2007, 16 (5): 945–975.

HENNART J F. The transaction costs theory of joint ventures: An empirical study of Japanese subsidiaries in the United States [J] . Management Science, 1991, 37 (4): 483–497.

DYER J H, SINGH H. The relational view: Cooperative strategy and sources of interorganizational competitive advantage [J] . The Academy of Management Review, 1998, 23 (4): 660–679.

COLEMAN J S. Social capital in the creation of human capital [J] . American Journal of Sociology, 1988, 94 (7): 95–120.

XIA J. Mutual dependence, partner substitutability, and repeated partnership: The survival of cross–border alliances [J] . Strategic Management Journal, 2011, 32 (3): 229–253.

FRANKENBERGER K, WEIBLEN T, GASSMANN O. Network configuration, customer centricity, and performance of open business models: A solution provider perspective [J] . Industrial Marketing Management, 2013, 42 (5): 671–682.

HEIMERIKS K H, DUYSTERS G. Alliance capability as a mediator between experience and alliance performance: An empirical investigation into the alliance capability development process [J] . Journal of Management Studies, 2007, 44 (1): 25 – 49.

EISENHARDT K M, SCHOONHOVEN C B. Resource–based view of strategic alliance formation: Strategic and social effects in entrepreneurial firms [J] . Organization Science, 1996, 7 (2): 136–150.

DIBIAGGIO L, NASIRIYAR M, NESTA L. Substitutability and complementarity of technological knowledge and the inventive performance of semiconductor companies [J] . Research Policy, 2014, 43 (9): 1582–1593.

FLEMING L. Recombinant uncertainty in technological search [J] . Management Science, 2001, 47 (1): 117–132.

SMITH–DOERR L, POWELL W W. Networks and economic life [J] . Journal of Economic Sociology, 2003, 4 (3): 61–105.

LEONARD-BARTON D. Wellspring of knowledge [M]. Harvard Business School Press, 1995.

GOLONKA M, RZADCA R. Does a connection exist among national culture, alliance strategy, and leading ICT firms' performance? [J]. Journal of Business Economics and Management, 2013, 14 (1): 395-412.

WILHELM M M, KOHLBACHER F. Co-opetition and knowledge co-creation in Japanese supplier-networks: The case of Toyota [J]. Asian Business & Management, 2011, 10 (1): 66-86.

SCHILKE O, GOERZEN A. Alliance management capability: An investigation of the construct and its measurement[J]. Journal of Management, 2010, 36(5): 1192-1219.

DUSSAUGE P, GARRETTE B, MITCHELL W. Learning from competing partners: Outcomes and durations of scale and link alliances in Europe, North America and Asia [J]. Strategic Management Journal, 2000, 21 (2): 99-126.

DUSSAUGE P, GARRETTE B. Determinants of success in international strategic alliances: Evidence from the global aerospace industry [J]. Journal of International Business Studies, 1995, 26 (3): 505-530.

KALE P, SINGH H, PERLMUTTER H. Learning and protection of proprietary assets in strategic alliances: Building relational capital [J]. Strategic Management Journal, 2000, 21 (3): 217-237.

GU Q, LU X. Unraveling the mechanisms of reputation and alliance formation: A study of venture capital syndication in China [J]. Strategic Management Journal, 2014, 35 (5): 739-750.

GULATI R, SINGH H. The architecture of cooperation: Managing coordination costs and appropriation concerns in strategic alliances [J]. Administrative

Science Quarterly, 1998, 43（4）: 781–814.

GULATI R. Alliances and networks［J］. Strategic Management Journal, 1998, 19（4）: 293–317.

MAKINO S, CHAN C M, ISOBE T, et al. Intended and unintended termination of international joint ventures［J］. Strategic Management Journal, 2007, 28（11）: 1113–1132.

MICHAILOVA S, MUSTAFFA Z. Subsidiary knowledge flows in multinational corporations: Research accomplishments, gaps, and opportunities［J］. Journal of World Business, 2012, 47（3）: 383–396.

WASSERMAN S, FAUST K. Social network analysis: Methods and applications［M］. Cambridge: Cambridge University Press, 1994.

CANER T, TYLER B. The effects of knowledge depth and scope on the relationship between R&D alliances and new product development［J］. Journal of Product Innovation Management, 2015, 32（5）: 808–824.

DAS T K, TENG B S. A resource–based theory of strategic alliances［J］. Journal of Management, 2000, 26（1）: 31–61.

DAS T K, TENG B S. Alliance constellations: A social exchange perspective［J］. The Academy of Management Review, 2002, 27（3）: 445–456.

WASSMER U, LI S, MADHOK A. Resource ambidexterity through alliance portfolios and firm performance［J］. Strategic Management Journal, 2017, 38（2）: 384–394.

SWAMINATHAN V, MOORMAN C. Marketing alliances, firm networks, and firm value creation［J］. Journal of Marketing, 2009, 73（5）: 52–69.

HE W. Essays of strategic alliance portfolio configuration—its performance properties, strategic antecedents and consequential effects on multinational firms' continuing foreign expansion［D］. Miami: Florida International

University, 2012.

SHAN W, WALKER G, KOGUT B. Interfirm cooperation and startup innovation in the biotechnology industry [J]. Strategic Management Journal, 1994, 15 (5): 387-394.

曹兴, 宋娟, 张伟, 等. 技术联盟网络知识转移影响因素的案例研究 [J]. 中国软科学, 2010 (4): 62-72, 182.

陈旭升, 董和琴. 知识共创、网络嵌入与突破性创新绩效研究: 来自中国制造业的实证研究 [J]. 科技进步与对策, 2016, 33 (22): 137-145.

戴万亮, 张慧颖, 金彦龙. 内部社会资本对产品创新的影响: 知识螺旋的中介效应 [J]. 科学学研究, 2012, 30 (8): 1263-1271.

单子丹, 邹映, 陈晓利. 双元惯例下动态异质性网络与开放式知识创造: 策略选择及路径演化 [J]. 科学学与科学技术管理, 2018, 39 (4): 88-99.

邓渝, 邵云飞. 联盟组合伙伴选择、双元组织学习与创新能力关系研究 [J]. 研究与发展管理, 2016, 28 (6): 1-9.

符正平, 彭伟, 刘冰. 基于跨时视角的联盟组合过程研究与概念框架构建 [J]. 外国经济与管理, 2011, 33 (1): 59-65.

付丙海, 谢富纪, 韩雨卿. 创新链资源整合、双元性创新与创新绩效: 基于长三角新创企业的实证研究 [J]. 中国软科学, 2015 (12): 176-186.

付雅宁, 刘凤朝, 马荣康. 发明人合作网络影响企业探索式创新的机制研究: 知识网络的调节作用 [J]. 研究与发展管理, 2018, 30 (2): 21-32.

高宇, 高山行, 杨建君. 知识共享、突变创新与企业绩效: 合作背景下企业内外部因素的调节作用 [J]. 研究与发展管理, 2010, 22 (2): 56-63.

郭润萍, 蔡莉. 双元知识整合、创业能力与高技术新企业绩效 [J]. 科学学研究, 2017, 35 (2): 264-271.

韩炜, 邓渝. 联盟组合的研究述评与展望: 联盟组合的交互、动态与影响效应 [J]. 管理评论, 2018, 30 (10): 169-183.

韩莹，陈国宏．集群企业网络权力与创新绩效关系研究：基于双元式知识共享行为的中介作用［J］．管理学报，2016，13（6）：855-862.

和欣，陈传明，郑莹，等．联盟关系断裂研究述评与未来展望［J］．外国经济与管理，2019，41（4）：31-44.

简兆权，陈键宏，郑雪云．网络能力、关系学习对服务创新绩效的影响研究［J］．管理工程学报，2014，28（3）：91-99.

江旭，姜飞飞．不确定性，联盟风险管理与合作绩效满意度［J］．管理工程学报，2015，29（3）：180-190.

姜红，刘文韬，孙舒榆．知识整合能力，联盟管理能力与标准联盟绩效［J］．科学学研究，2019，37（9）：1617-1625.

焦豪．双元型组织竞争优势的构建路径：基于动态能力理论的实证研究［J］．管理世界，2011（11）：76-91.

李晨蕾，柳卸林，朱丽．国际研发联盟网络结构对企业创新绩效的影响研究：基于社会资本视角［J］．科学学与科学技术管理，2017，38（1）：52-61.

李林蔚，蔡虹，郑志清．战略联盟中的知识转移过程研究：共同愿景的调节效应［J］．科学学与科学技术管理，2014，35（8）：29-38.

梁娟，陈国宏．多重网络嵌入，知识整合与知识创造绩效［J］．科学学研究，2019，37（2）：301-310.

刘立，党兴华．企业知识价值性、结构洞对网络权力影响研究［J］．科学学与科学技术管理，2014，35（6）：164-171.

刘婷，王震．关系投入、治理机制、公平与知识转移：依赖的调节效应［J］．管理科学，2016，29（4）：115-124.

刘学元，丁雯婧，赵先德．企业创新网络中关系强度、吸收能力与创新绩效的关系研究［J］．南开管理评论，2016，19（1）：30-42.

吕冲冲，杨建君，张峰．共享时代下的企业知识创造：关系强度与合作模式的作用研究［J］．科学学与科学技术管理，2017，38（8）：17-28.

马文聪，叶阳平，徐梦丹，等．"两情相悦"还是"门当户对"：产学研合作伙伴匹配性及其对知识共享和合作绩效的影响机制［J］．南开管理评论，2018，21（6）：95-106．

潘文安．关系强度、知识整合能力与供应链知识效率转移研究［J］．科研管理，2012，33（1）：147-153，160．

潘镇，李晏墅．联盟中的信任：一项中国情景下的实证研究［J］．中国工业经济，2008（4）：44-54．

彭伟，符正平．联盟能力对联盟绩效的影响机理研究：以联盟网络构型为中介变量［J］．研究与发展管理，2013，25（4）：10-19．

芮正云，罗瑾琏．新创企业联盟能力，网络位置跃迁对其知识权力的影响：基于知识网络嵌入视角［J］．管理评论，2017，29（8）：187-197．

邵云飞，庞博．网络嵌入与突破性技术创新：结构洞与关系强度的协同影响机制研究［J］．科技进步与对策，2017，34（10）：15-18．

沈灏，王龙伟．战略联盟中知识管理对企业新产品开发影响的实证研究［J］．管理评论，2011，23（4）：97-104．

孙国强，吉迎东，张宝建，等．网络结构，网络权力与合作行为：基于世界旅游小姐大赛支持网络的微观证据［J］．南开管理评论，2016，19（1）：43-53．

汤超颖，黄冬玲．知识网络与创造力的国内外研究综述［J］．科学学与科学技术管理，2016，37（3）：43-49．

汪丽，茅宁．共同愿景、决策承诺与决策质量关系实证研究［J］．预测，2006（6）：6-11．

王栋，魏泽龙，沈灏．转型背景下企业外部关系网络、战略导向对战略变化速度的影响研究［J］．南开管理评论，2011，14（6）：76-84．

王核成，鲁东琴，周泯非．企业网络权力配置与创新能力的提升：吉利汽车纵向案例研究［J］．科学学与科学技术管理，2018，39（3）：61-76．

王龙伟，李晓冬．联盟控制方式对企业突变创新影响的实证研究［J］．科学学研究，2015，33（5）：792-800.

王曦，符正平，罗超亮．基于角色的地位：企业联盟形成机制研究［J］．山西财经大学学报，2017，39（8）：71-84.

吴言波，邵云飞，殷俊杰．战略联盟知识异质性对焦点企业突破性创新的影响研究［J］．管理学报，2019，16（4）：541-549.

伍勇，魏泽龙．知识探索，资源整合方式与突破性创新［J］．科研管理，2017，38（12）：11-19.

徐建中，武建龙．联盟组合研究述评［J］．软科学，2013，27（7）：118-122.

杨毅，党兴华，成泷．技术创新网络分裂断层与知识共享：网络位置和知识权力的调节作用［J］．科研管理，2018，39（9）：59-67.

叶飞，徐学军．供应链伙伴关系间信任与关系承诺对信息共享与运营绩效的影响［J］．系统工程理论与实践，2009，29（8）：36-49.

叶江峰，任浩，郝斌．企业间知识异质性、联盟管理能力与创新绩效关系研究［J］．预测，2015，34（6）：14-20.

殷俊杰，邵云飞．联盟组合管理能力对焦点企业合作创新绩效的影响研究［J］．管理学报，2018，15（6）：865-873.

殷俊杰．企业联盟组合管理能力对合作创新绩效的影响机制研究［D］．四川：电子科技大学，2018.

于飞，胡泽民，董亮，等．知识耦合对企业突破式创新的影响机制研究［J］．科学学研究，2018，36（12）：2292-2230.

余菲菲．联盟组合多样性对技术创新路径的影响研究：基于科技型中小企业的跨案例分析［J］．科学学与科学技术管理，2014，35（4）：111-120.

岳鹄，朱怀念，张光宇，等．网络关系，合作伙伴差异性对开放式创新绩效的交互影响研究［J］．管理学报，2018，15（7）：1018-1024.

张光曦. 如何在联盟组合中管理地位与结构洞：MOA 模型的视角［J］. 管理世界, 2013（11）：89–100, 129.

左志刚. 国外企业战略联盟研究的整体性分析：结构趋势与整合成果［J］. 外国经济与管理, 2015, 37（1）：62–70, 81.

后 记

这是我的第一部学术专著，由我的博士学位论文修改而成。许多年后，当我再次面对这本书，那段快乐的、紧张的、充实的、繁忙的日子，涌现心头。

2020年，新型冠状病毒感染疫情爆发，让我们知道，有这么多平凡的人，在用不平凡的方式守护我们。感恩有你们，感恩我的祖国。

重回首，去时年，揽尽风雨苦亦甜。夜阑珊，读无眠，听尽春言。三月的某个阳光灿烂的日子，电子科技大学的银杏已经发芽，各种不知名的花儿也以众芳摇落的姿态，在校园中争相斗艳。在这一天，我知道了电子科技大学即将成为我生命中一段不可磨灭的记忆。这一待，就是六年。六年不长，但也不短。在这六年中，遇到了关心、指引我的导师，邂逅了我未来一生需要守护的爱情，以及我的一群挚友们，是他们在生活中和学术中给予了我无私的帮助，感恩有你们的相随。

在这短暂的博士研究生生涯，首先要感谢我的导师邵云飞教授。犹记得，在我刚踏入博士阶段学习的时候，对学术的迷茫与困顿，让我深深陷入了自我怀疑当中。感谢邵老师，在这阶段的指点与宽容，让我重新焕发了对学术的热情和信心，并在我取得一些成果的时候，给予我鼓励，同时也让我戒骄戒躁。从您的身上，不仅学会了做人、做事的道理，更让我懂得了做学问的初心和使命。从博士论文的选题、开题、中期答辩，到最后的论文定稿，感谢邵老师一次次对论文细节的梳理和指导。相逢一见太匆匆，校内繁花几度红。厚谊常存魂梦里，深恩永志我心中。

感谢多年的同学：王浩旻、陈威、詹欣睿、贺镜宾、马馨蕎、赵晓旻、刘运青、郑凯明、周香芸、杨欢。犹记得，大家同游四姑娘山、攀爬青城后山、骑行邛海等场景。感谢你们在生活和学习上的帮助，让我领略了不一样的博士生涯。

感谢我的同门：殷俊杰、詹坤、晋邑、霍丽莎、党燕、姚璐莹等。感谢你们在团队会议上的学术研究进展分享，让我获益匪浅。同时，还要感谢师兄师妹们，对我博士论文细节的修改和纠正，非常感谢博士期间有你们的陪伴。

最后，感谢家人的支持和关心，特别感谢妻子刘宇舒女士的相守和陪伴。是她每天陪我去图书馆，并完成了部分的校稿和润色。感谢我的女儿，给我带来无限的快乐，每当看到她的笑脸，所有的烦恼都烟消云散。

吴言波

2023 年 5 月 21 日

于西南政法大学图书馆